Franz Ferstl

Im Dienst der Zuversicht

Franz Ferstl

IM **DIENST** DER **ZUVERSICHT**

Das Amt des Diakons

Entwicklungen • Erfahrungen • Perspektiven

Mit einem Nachwort von
Franz Weber

Tyrolia-Verlag · Innsbruck-Wien

MIX
Papier aus verantwortungsvollen Quellen
FSC® C014138

Nachhaltige Produktion ist uns ein Anliegen; wir möchten die Belastung unserer Mitwelt so gering wie möglich halten. Über unsere Druckereien garantieren wir ein hohes Maß an Umweltverträglichkeit: Wir lassen ausschließlich auf FSC®-Papieren aus verantwortungsvollen Quellen drucken, verwenden Farben auf Pflanzenölbasis und Klebestoffe ohne Lösungsmittel. Wir produzieren in Österreich und im nahen europäischen Ausland, auf Produktionen in Fernost verzichten wir ganz.

Mitglied der Verlagsgruppe „engagement“

Umschlaggestaltung: Tyrolia-Verlag
unter Verwendung eines Bildes von Leopold Washüttl
Layout und digitale Gestaltung: Tyrolia-Verlag
Druck und Bindung: FINIDR, Tschechien
ISBN 978-3-7022-3794-3 (*gedrucktes Buch*)
ISBN 978-3-7022-3820-9 (*E-Book*)
E-Mail: buchverlag@tyrolia.at
Internet: www.tyrolia-verlag.at

INHALT

ZUM GELEIT

50 Jahre „Ständiger Diakonat“ in Österreich. Was sind Diakone? Es sind Männer, die ihre – eheliche oder zölibatäre – Berufung in vollem Umfang leben, die jedoch auch in vollem Umfang die Arbeits- und Berufswelt leben. Sie bringen also etwas von der Welt der Familie und von der Arbeitswelt in den Klerus. Sie bringen sowohl die Dimensionen der Schönheit und der Erfahrung mit, aber auch die Mühen und manchmal auch Wunden.

Diakone sind „nicht halbe Priester und halbe Laien“, wie Papst Franziskus betonte (25. März 2017). „Das Diakonat ist eine spezifische Berufung, eine familiäre Berufung, die zum Dienst ruft“, wie der Papst weiter ausführte. „Es ist das Sakrament des Dienstes an Gott und den Brüdern.“ Das Zweite Vatikanische Konzil hatte nach langen Diskussionen über die Wiedereinführung dieses alten Dienstes entschieden und mit dem Motu Propio „Sacrum Diaconatus ordinem“ vom 18. Juni 1967 von Papst Paul VI. verfügt. Seither gehört der Diakonat zu den hoffnungsvollen Bereichen der Kirche auf allen Kontinenten. In Österreich sind derzeit rund 750 Diakone meist ehrenamtlich tätig.

Die Glaubwürdigkeit des Dienstes als Diakon geschieht im Alltag, im täglichen Dienst. Ihr oft stiller Dienst der Nächstenliebe geschieht Tag für Tag in den sozialen Einrichtungen. Das ist die wahre Glaubwürdigkeit. Das wird nicht plakativ öffentlich kundgetan. Es muss auch nicht von allen gesehen werden, was Gutes geschieht. Aber es ist wichtig, dass es geschieht. Und wir müssen uns nicht zuerst darum kümmern, ob die Kirche glaubwürdig ist, sondern ob wir glaubwürdig leben, ob wir glaubwürdig das Evangelium leben.

Diakone sind berufen, in der Person Christi als Diener in der Kirche zu wirken. Sie sollen sich mit all ihren Fähigkeiten, ihrer Lebenserfahrung, ihrer Berufs- und Familienerfahrung einbringen und sich ganz dem Heiligen Geist zur Verfügung stellen, damit er die Menschen berühren kann. Das erfordert zuerst den persönlichen Umgang mit dem Wort Gottes, das von ihm Durchdringen-Lassen, um dann aus der Freude des Wortes Gottes zu schöpfen.

Stephanus, der erste Diakon, war ein Mann mit einem mächtigen Wort, glaubwürdig, überzeugend. Das zeigt uns etwas für die Nachfolge Christi, in die die Diakone in ihrem Dienst gestellt sind. Der karitative Dienst und der Dienst der Verkündigung sind zwei wesentliche Elemente des Diakonats.

Eine Nächstenliebe ohne Verkündigung oder eine Verkündigung ohne Nächstenliebe geht nicht. Die ersten Diakone zeigen uns sehr mächtig und eindrucksvoll, wie sehr von Anfang an die Diakonie, der Dienst an den Notleidenden, den Armen, den Kranken untrennbar verbunden ist mit der Verkündigung des Evangeliums. Der heilige Franziskus hat dieses wunderbare Wort gesagt: Verkündet allen Menschen das Evangelium, wenn notwendig auch mit Worten. Natürlich ist die überzeugendste Verkündigung die des Lebens. Das ist der wahre Dienst der Diakone: zuerst das überzeugende Zeugnis des eigenen Lebens.

Wien, am 26. Juni 2019

+ Christoph Kardinal Schönborn,
Erzbischof von Wien

GRUSSWORT

Die Diakonie – also die gelebte Nächstenliebe in verschiedensten Formen und Situationen – ist ein wesentliches Merkmal und grundlegender Auftrag der Kirche. Die Diakone verstärken die Diakonie durch ihr Leben und ihre kirchlichen und liturgisch-sakramentalen Dienste.

Seit 50 Jahren sind mittlerweile Diakone in der Kirche von Österreich im Einsatz. Ihre Zahl ist seither erfreulicherweise auf 750 angewachsen! Zu diesem besonderen Anlass sei ihnen ein großer Dank ausgesprochen für ihre Dienste in vielen verschiedenen kirchlichen Situationen und menschlichen Nöten!

An dieser Stelle sage ich auch einen besonderen Dank an den Autor dieses Buches, Franz Ferstl, für sein großes Engagement als Vorsitzender der ARGE der Diakone Österreichs!

Zum Jubiläum wünsche und erbitte ich allen Diakonen viel Freude und reichen Segen!

+ Anton Leichtfried
Referatsbischof

EINLEITUNG

Die Sozialgestalt der Kirche ist radikalen Veränderungen unterworfen. Ihre Glaubwürdigkeit steht auf dem Prüfstand. Die Aufarbeitung von Missbrauch und schuldhaftem Verhalten nimmt viel Energie in Anspruch. Kirchenaustritte, der Rückgang des sonntäglichen Gottesdienstbesuchs und des Sakramentenempfangs sowie das spürbare Misstrauen in die Kirchenleitung sind Fakten, die sich nicht wegdiskutieren lassen. Andererseits sind in neuerer Zeit viele neue geistliche Bewegungen entstanden, eine noch immer treue Schar ehrenamtlicher Mitarbeiterinnen und Mitarbeiter ist zu verzeichnen, eine starke Solidarität in der Aufnahme und Betreuung der vor Kriegen und Terror geflüchteten Menschen, die bei uns eine neue Heimat suchen, gibt Hoffnung. Die Zahl der Ehrenamtlichen hat sich ebenso erhöht wie die Anzahl der Kräfte im Sozialbereich und die Bereitschaft, in der Caritas mitzuwirken. Die Bereitschaft zur Mitverantwortung im organisatorischen Bereich ist ebenfalls stabil. Die Entwicklung der letzten 50 Jahre nach dem Zweiten Vatikanum hat viel Positives und Erfreuliches aufzuweisen. Trotzdem ist es auch ein Zeichen der Zeit, dass die Zahl der Berufungen zum Priester- und Ordensberuf trotz intensiver Gebetsaufrufe weiter im Schrumpfen ist. Auch die sozialen Orden verzeichnen stark zurückgegangene Zahlen, sodass so manche Dienste, wie sie z. B. in den Ordensspitälern geleistet wurden, heute selbstverständlich von Laienkräften erbracht werden. Die Zahl der Berufungen zum Ständigen Diakonat ist hingegen stark gestiegen.

Es ist eine sehr erfreuliche Tatsache, dass sich so viele bewährte Männer zum Diakonat berufen fühlten und ihre Kräfte und Charismen in diesem Dienstamt einbrachten und einbringen. Innerhalb der ersten 50 Jahre ist die Zahl der Berufungen zum Diakonat österreichweit auf über 750 aktive Ständige Diakone angewachsen. Wenn auch derzeit leider nur auf Männer beschränkt, hat sich hier ein ursprünglich aus der Not der Missionsländer neu eingeführtes Dienstamt bei uns entfaltet und ist in den Diözesen zu einem fixen Bestandteil des pastoralen Personals geworden. Umgelegt auf die Anzahl der Pfarren ist – unbemerkt und sehr erfreulich – in jeder vierten Pfarre ein Ständiger Diakon tätig und prägt das Leben der Pfarre diakonal mit. Die Entwicklung des Ständigen Diakonats in Österreich und in der Weltkirche seit der Wiedererweckung dieses Dienstamtes in den letzten 50 Jahren ist Gegenstand der ersten Kapitel dieses Buches.

Ich war persönlich schon sehr früh durch meinen Beruf als Sekretär von Weihbischof Florian Kuntner mit der Entwicklung und Begleitung des neuen Dienstamtes konfrontiert und wurde von ihm vor dreiunddreißig Jahren zum Diakon geweiht. So ist es mir ein Anliegen, die Anfänge des Diakonats in Österreich zu dokumentieren. Von Kardinal Schönborn im Jahr 2003 als Leiter des Diakoneninstituts der Erzdiözese Wien berufen, durfte ich die wachsende Gruppe von Ständigen Diakonen im Auftrag des Bischofs begleiten und die Aus- und Weiterbildung gemeinsam mit meinem Freund und Kollegen, Ausbildungsleiter Mag. Johannes Fichtenbauer, mitgestalten. Meine Aufgabe sah ich darin, der wachsenden Gruppe von Ständigen Diakonen Unterstützung und Begleitung anzubieten, damit diese in den Pfarren und in kategorialen Bereichen ihren diakonalen Dienst gut und mit Freude wahrnehmen konnten. Österreichweit war ich durch Weihbischof Florian Kuntner schon 1988 in die Erstellung und Ausformulierung der ersten Österreichischen Rahmenordnung eingebunden und darf nun schon einige Jahre als Leiter der Arbeitsgemeinschaft der Diakone Österreichs die Kontakte unter den Diözesen koordinieren. So habe ich mit allen von der Bischofskonferenz für den Ständigen Diakonat berufenen Referatsbischöfen zusammengearbeitet und konnte hiermit wie ein Brückenkopf zwischen den Vertretern der Diakone und den zuständigen Bischöfen vermitteln.

Am 22. Dezember 2019 wird das 50. Jahr seit der ersten Weihe eines Ständigen Diakons in Österreich eingeläutet. Aus diesem Anlass möchte ich meine langjährigen Erfahrungen als Diakon und als Sprecher der Ständigen Diakone Österreichs einbringen und sie allen sich in der Ausbildung befindlichen Kandidaten, ihren Familien, den Seelsorgerinnen und Seelsorgern in den Pfarren und in den verschiedenen Bereichen der Gemeinde- und Sozialpastoral zur Verfügung stellen.

So gehe ich in Demut und Dankbarkeit an den Versuch, ein lebendiges Bild von den vielen, oft in Stille und Bescheidenheit wirkenden Mitbrüdern ins Licht zu stellen und aufzuzeigen, welcher Schatz an kreativer Mitwirkung durch den Ständigen Diakonat als Teil des Klerus vom Konzil gehoben wurde. Die im Konzil festgelegte Neuausrichtung der Pastoral und die Präsenz der Kirche in der Gesellschaft wurden durch die Wiedererrichtung des Ständigen Diakonats verstärkt. Die aus dem Volk erwählten und zu Ständigen Diakonen geweihten Männer sind mit ihrem familiären und beruflichen Hintergrund auf der Basis ihrer Erfahrung und Kompetenz dort, wo sie stehen, und in ihren Pfarren Brückenbauer eines gelebten Glaubens. Weiterhin in ihrem Beruf tätig oder in der bereits angetretenen Pension, bringen sie ihre berufliche Kompetenz ein. Als Teil der Familie, als Ehepartner und Väter oder Großväter versuchen sie, durch ihr Zeugnis Kirche in der Lebenswelt der Menschen präsent zu machen. Durch ihre gelebte, „geerdete Spiritualität" sind Diakone in ihrer lebenslangen Bindung im Zusammenwirken mit dem Bischof und seinem Priesterkollegium ein Weihestand, der viel familiären Geist in die Kirche einbringt und auch manche Fehlentwicklung innerhalb der Kirchengemeinschaft bewusst machen kann.

Im zweiten Teil des Buches soll die Bedeutung der doppelten Sakramentalität von Ehe und Weihe dargelegt werden, wo einerseits Erfahrungen mit dem „verheirateten Klerus" und andererseits auch die Sicht der durch die Weihe betroffenen Ehefrauen aufgezeigt werden. Die Priester werden von der Kirche besoldet und sind sozial durch die Diözese oder den Orden abgesichert. Hier unterscheiden sich die Ständigen Diakone durch ihre weltlichen Arbeitgeber und die Eigenversorgung durch Gehalt und Pension. Durch den Kirchenbeitrag ist die Bezahlung des hauptamtlichen Personals noch gesichert, aber wie es in Zukunft sein wird – ob es weiterhin genügend Finanzen geben wird, um vor allem auch die Mittel für die notwendigen Laienkräfte sichern zu können –, bleibt offen. Da den Ständigen Diakonen nur in Form einer Aufwandsentschädigung Kosten, die aus der pastoralen Arbeit entstehen, vergütet werden, sind sie willkommene Mitarbeiter in den vielen zu leistenden sozialen und pastoralen Diensten. Die Ständigen Diakone machen durch ihr Ehrenamt der Kirche nicht nur das Geschenk ihrer beruflichen Kompetenz, sie könnten vielleicht auch ein Modell für zukünftige, vielleicht nur mehr teilzeitlich angestellte oder ehrenamtlich angestellte Priester sein.

Ein weiterer Abschnitt befasst sich mit der derzeitigen Praxis der Auswahl und der Ausbildung der Bewerber zum Ständigen Diakonat. Die Weihe von Frauen zu Ständigen Diakoninnen sollte nicht mehr lange auf sich warten lassen. Die Ordination von Frauen wird inzwischen nicht nur von Theologinnen und Theologen gefordert, sondern auch von einigen Bischöfen für möglich gehalten. Nach meiner Meinung – und der Meinung fast aller Ständigen Diakone – wäre sie zweifelsohne eine Antwort auf die Zeichen der Zeit. Das Kapitel geht im Folgenden der Frage nach, was das Besondere, die Identität des Diakons und seine gelebte Spiritualität ausmacht.

In den folgenden Abschnitten wird – ausgehend von der derzeitigen Struktur von Pfarren und anderen gemeinschaftlichen sozialen Gefügen – aufgezeigt, welchen Stellenwert ein „diakonischer" Schwerpunkt für die Lebendigkeit und Anziehungskraft der Kirche haben kann. Eigentlich ist es zu wenig, von einer diakonischen Ausrichtung der Kirche zu sprechen – die Kirche selbst ist „Diakonie", das heißt Zeichen und Sakrament der Liebe Gottes. Als Ausblick auf die weitere Entwicklung des erst 50 Jahre jungen Ständigen Diakonats kommen u. a. Personen zu Wort, die eine Vision für einen Diakonat der Zukunft haben. Dazu gehört wesentlich, was Papst Franziskus der diakonischen Kirche mit auf den Weg gibt.

Als roten Faden für die Dokumentation der Geschichte, die Reflexion der Entwicklung und die Ausgestaltung des Ständigen Diakonats in Österreich und der Weltkirche habe ich das Bild der versickerten Quelle gewählt. Das Verschwinden des Ständigen Diakonats im fünften Jahrhundert und die Neuentdeckung dieser Quelle durch das Zweite Vatikanum ist für mich ein ermutigendes Bild für die Entwicklung des Diakonats in der Kirche heute. Gerade in Zeiten, in denen der Klimawandel neue Wüsten entstehen lässt und die Menschen zur Schöpfungsverantwortung aufgerufen sind, sind wir eingeladen, den geistlichen Quellen nachzugehen, diese für die Gegenwart zusammenfließen zu lassen und fruchtbar zu machen. Das Wiederentdecken dieser Quellen ist wesentlich für eine Kirche, die nicht nur für sich selbst sorgt, sondern ihren Auftrag des Hineinwirkens in die Gesellschaft erfüllt. Dazu braucht es einen klaren Blick auf das, was diese neu entdeckte Quelle fruchtbar machte und wodurch sie neu lebendig werden kann. Das Bild der Quelle bietet sich an, um Gewachsenes zu dokumentieren, Vorhandenes zu reflektieren und Richtung und Wege in die Zukunft aufzuzeigen.

Das Zeugnis für die Lebendigkeit dieser Quelle verdanke ich den vielen Begegnungen mit meinen Mitbrüdern im Diakonat und deren Familien, den Bischöfen und Priestern, die mich auf diesem Weg begleitet haben. Ich danke den Freunden und Familien, denen ich als Diakon auf dem Weg des Glaubens und in der Vorbereitung und Feier der Sakramente die liebende Zuwendung Gottes vermitteln durfte. Ich danke meinen Mitbrüdern aus den Diözesen Österreichs und im deutschsprachigen Raum, mit denen ich im Austausch beschenkt und motiviert wurde, meine Erfahrungen wie Quellwasser zu sammeln und sie Freunden und auch Kritikern des Diakonats in Buchform zur Verfügung zu stellen. Ermutigt erlebe ich mich durch das lebendige Beispiel und das diakonale Wirken von Papst Franziskus, dem es ein Herzensanliegen ist, die innere Not der Menschen in der heutigen Zeit aufzudecken und seine Mitarbeiter im pastoralen Dienst für ein persönliches Verschenken ihrer selbst als Zeugen der selbstlosen Liebe Gottes zu motivieren. Was könnte besser für unseren Dienst werben als sein Beispiel, als er als Papst bei der Fußwaschung an jungen Menschen im Gefängnis die Diakonenstola als „Wahrzeichen" trug? Dieser Rückenwind durch Papst Franziskus ermutigt mich und viele Diakone, unsere Erfahrungen und Visionen von einer diakonalen Kirche mit anderen zu teilen.

Besonders danke ich meiner Frau Maria für ihre liebevolle und wachsame Unterstützung und wertschätzend-kritische Ermutigung, meinem Freund P. Franz Weber, Pastoraltheologe und Bischöflicher Beauftragter für die Diakone in der Diözese Innsbruck, für seine kompetente Begleitung und Beratung, für die theologische und pastorale Fundierung, die Erfahrungen, Einsichten und visionären Anfragen in seinem Schlusskapitel. Den Mitarbeiterinnen und Mitarbeitern des Tyrolia-Verlags danke ich für die professionelle Umsetzung des Projekts.

Wiener Neustadt, Pfingsten 2019 Diakon Franz Ferstl

* Wegen der einheitlichen Schreibweise findet sich in den hier zitierten Textauszügen der Werke und Dokumente, die vor 2006 entstanden sind, die neue Rechtschreibordnung.

1. VERSIEGTE QUELLEN FREILEGEN – DIAKONAT VON DER URKIRCHE BIS ZUM ZWEITEN VATIKANUM

Im Laufe der Kirchengeschichte haben sich viele geistliche Quellen aufgetan, andere wiederum sind versiegt. Aufgrund der Einsicht, dass durch eine steigende Zahl der Gläubigen die Versorgung der Armen nicht gesichert sei, wurden in der Gemeinde in Jerusalem nach Gebet und Wahl Männern nach dem Zeugnis die Hände aufgelegt und sie mit einer Sendung ausgestattet, damit allen die Frohbotschaft verkündet und bezeugt werden konnte.

In späterer Zeit haben die Nachfolger der Apostel Konzilien einberufen, um in wichtigen Glaubensfragen Klarheit zu schaffen und um sich von Irrwegen abzugrenzen. Sie haben Antworten auf die Nöte der Menschen gesucht und sich neu den Herausforderungen der Kirche in der Gesellschaft gestellt. Oft sind die durch Konzilien eingeleiteten Reformen aber durch geschichtliche Entwicklungen nicht zu Ende geführt und die mutig von den verantwortlichen Päpsten begonnenen Reformen nicht umgesetzt worden. Doch Gott schreibt die Geschichte seiner Kirche auch auf krummen Zeilen und er wirkt durch die von ihm Erwählten das Heil aller Menschen. Es zeigt sich, dass es Gott darum geht, ob im Volk Gottes die Not der Menschen gesehen und von den vom Heiligen Geist bestellten Zeugen wahrgenommen und gewendet wird, und nicht in erster Linie um die Erhaltung von Strukturen und Einrichtungen.

Die Entwicklung des frühchristlichen Diakonats ist wesentlich mit der Bildung und Gestaltung der Strukturen der drei kirchlichen Ämter Bischof, Presbyter und Diakon in den ersten fünf Jahrhunderten verbunden. Der Diakonat hatte einen wichtigen Stellenwert in Verbindung mit dem Bischof, wurde später aber auf die Vorstufe zur Priesterweihe reduziert.

Das Augenmerk liegt nicht auf der Selbsterhaltung eines Amtes, sondern auf der Erfüllung des Auftrages der Sendung in die Welt. Gott hört die Schreie der Menschen und sieht, was ihnen zum Heil fehlt. Überall, wo menschliche Macht über andere ausgenützt wird, steht Gott auf der Seite der Schwachen und Ausgegrenzten. Gott beruft Menschen, die die Not der Mitmenschen erkennen und durch ihre Berufung die Not wenden und Heil schenken, wie es das Magnifikat ausdrückt. Er beruft in seiner Kirche Menschen, Heilige und Sünder, um seinen Willen zu erfüllen und die Not der Menschen zu wenden. So ist auch das Auf und Ab des Diakonates sein Weg, um das Dienstamt nicht zur Selbstbestätigung, sondern zum Nutzen und zur Auferbauung des Volkes Gottes zu verstehen. Wie Gott durch Menschen auf die Hilfeschreie anderer Menschen antworten kann, ob das durch erweckte Heilige, die entstehenden Orden oder durch ein mutiges Zweites Vatikanum geschieht – die Wege und Zeiten eines Aufbruches dürfen wir Gott überlassen.

1.1 Diakonie und Diakone im Neuen Testament

Diakonia ist ein Wesensmerkmal und Kennzeichen aller Jünger Jesu. „Für die frühen christlichen Gemeinden war die gegenseitige Dienstbeziehung ein Kriterium der Christlichkeit. Jedes Mitglied der Gemeinde war für die diakonale Praxis der Kirche verantwortlich. (…) Der Begriff Diakonia wurde auf jeglichen Dienst angewandt, dessen Ziel das Heil ist.“[1]

Im Griechischen ist ein Diakon in der allgemeinen Wortbedeutung jemand, der in Person einen Dienst leistet. So ist das Dienen ein Wesensmerkmal christlichen Lebens und mit dem verbunden, was christliches Leben im Kern ausmacht, denn es gründet in Jesus Christus selbst. „Er, der Kyrios aller, ist zugleich der Diakonos aller. Christus wurde den Menschen gleich, er erniedrigte sich und war gehorsam bis zum Tod am Kreuz (vgl. Phil 2,7f). Die machtvolle Tat der Erlösung ist nicht eingekleidet in die imperiale Selbstherrlichkeit, sondern findet in der dienenden Selbsthingabe des Sohnes an den Vater ihre Erfüllung. (…) So wie Jesus Christus selbst an seinen Jüngern den Sklavendienst verrichtet, so begegnen wir Christen darin unserer eigenen Wesensbestimmung: Christliche Existenz ist Anteilnahme an der Diakonia, die Gott selbst in Jesus Christus an den Menschen geleistet hat, und damit der

1 Algirdas Jurevičius, Zur Theologie des Diakonats. Der Ständige Diakonat auf der Suche nach eigenem Profil (= Schriften zur Praktischen Theologie, Bd. 3), Hamburg 2004, 20

Verweis auf das, was Erfüllung und Vollendung des Menschen bedeutet."[2] Für die Gemeinde in Jerusalem bezeugt der Verfasser der Apostelgeschichte:

> „In diesen Tagen, als die Zahl der Jünger zunahm, begehrten die Hellenisten gegen die Hebräer auf, weil ihre Witwen bei der täglichen Versorgung übersehen wurden. Da riefen die Zwölf die ganze Schar der Jünger zusammen und erklärten: Es ist nicht recht, dass wir das Wort Gottes vernachlässigen und uns dem Dienst an den Tischen widmen. Brüder, wählt aus eurer Mitte sieben Männer von gutem Ruf und voll Geist und Weisheit; ihnen werden wir diese Aufgabe übertragen. Wir aber wollen beim Gebet und beim Dienst am Wort bleiben. Der Vorschlag fand den Beifall der ganzen Gemeinde und sie wählten Stephanus, einen Mann, erfüllt vom Glauben und vom Heiligen Geist, ferner Philippus und Prochorus, Nikanor und Timon, Parmenus und Nikolaus, einen Proselyten aus Antiochia. Sie ließen sie vor die Apostel hintreten, und diese beteten und legten ihnen die Hände auf." (Apg 6,1–6)

Das Charisma der Sieben entsprach den jeweiligen Bedürfnissen der Gemeinde. Ihre Geistesgabe der Armenpflege brauchte keine besondere Beauftragung. Sie waren schon in der christlichen Gemeinde tätig, bevor „die faktische Existenz des charismatischen Diakonats" von den Aposteln „durch Handauflegung bestätigt" wurde.[3]

1.2 Der Diakonat in der frühen Kirche

In der Hippolyt von Rom († 235) zugeschriebenen Kirchenordnung „Traditio Apostolica" sind die Regeln der Weihe des Bischofs, des Presbyters und des Diakons festgelegt. Bei der Weihe des Diakons legt der Bischof den Kandidaten die Hände auf, „weil er (der Diakon) nicht zum Priestertum geweiht wird, sondern zum Dienst für den Bischof, um das zu tun, was dieser ihm aufträgt."[4]

---

2 Gerhard Ludwig Müller, zitiert bei Wolfgang Allhorn, Der Diakonat in der frühen Kirche. In: Günter Riße et. al., Boten einer neuen Zeit. 50 Jahre Ständige Diakone im Erzbistum Köln, Paderborn 2018, 75

3 Jurevičius, Zur Theologie des Diakonats, 27

4 Hippolyt, Traditio Apostolica 8, zitiert bei Riße, Boten einer neuen Zeit, 81–82

Die darin festgelegte Bindung an den Bischof ermöglicht diesem, die Verantwortung für die Bedürftigen wahrzunehmen. So „soll sich (jeder Diakon) ständig an den Bischof halten. Er benachrichtige auch den Bischof, wenn irgendwelche Personen krank sind, damit der Bischof, wenn es ihm beliebt, die Kranken besuche." Die „Didascalia Apostolorum", eine kirchenrechtlich-liturgische Sammlung aus der ersten Hälfte des dritten Jahrhunderts, spricht vom hohen Ansehen der Diakone, da diese mit Christus selbst verglichen werden, die Presbyter jedoch „nur" mit den Aposteln.[5]

Erstmals werden als Träger eines Gemeindeamtes „Diakone" in der Grußanrede des Philipperbriefes, um das Jahr 55 geschrieben, genannt: „an alle Heiligen in Christus Jesus, die in Philippi sind, mit ihren Bischöfen (Episkopen) und Diakonen" (Phil 1,1). Als Mahnschreiben der römischen Gemeinde an die Korinther gilt der um das Jahr 96 verfasste erste Clemensbrief, in dem auf dem Hintergrund der Absetzung von Amtsträgern begründet wird, „deren Einsetzung sei Ausdruck gottgewollter Ordnung und nicht menschlicher Verfügung" und sie „nach Prüfung im Geiste" (1 Clem 42,1–5) zu Episkopen und Diakonen berufen wurden.[6]

In den Pastoralbriefen (1 Tim und Tit) werden die Leitungsstrukturen der Kirche mit den Ämtern des Bischofs, des Presbyters und des Diakons genannt. Im dritten Kapitel des ersten Briefes an Timotheus werden sowohl ein Aufgabenkatalog für einen Kandidaten für das Bischofsamt als auch ein Anforderungsprofil für die Diakone angeführt:

> „Ebenso müssen Diakone sein: achtbar, nicht doppelzüngig, nicht dem Wein ergeben und nicht gewinnsüchtig; sie sollen mit reinem Gewissen am Geheimnis des Glaubens festhalten. Auch sie soll man vorher prüfen, und nur, wenn sie unbescholten sind, sollen sie ihren Dienst ausüben. Ebenso müssen Frauen ehrbar sein, nicht verleumderisch, sondern nüchtern und in allem zuverlässig. Diakone sollen Männer einer einzigen Frau sein und ihren Kindern und ihrem eigenen Haus gut vorstehen. Denn wer seinen Dienst gut versieht, erlangt einen hohen Rang und große Zuversicht im Glauben an Christus Jesus." (1 Tim 3,8–13)

5 Riße, Boten einer neuen Zeit, 82
6 Vgl. ebd., 78–79

Aus der Didache, jener frühesten Kirchenordnung, die noch vor 130 in Syrien verfasst wurde, ist von der Wahl der Episkopen, nicht aber der Presbyter die Rede. Die zu Amtsträgern Erwählten sollen „wahrheitsliebend und erprobt sein, denn sie sind es, die euch den Dienst der Lehrer und Propheten versehen" (Did 15,1f). Ignatius von Antiochien († um 110) schreibt an die Gemeinde von Smyrna:

> „Folgt dem Bischof wie Jesus Christus dem Vater und dem Presbyterium wie den Aposteln; die Diakone aber achtet wie Gottes Gebot! Keiner soll ohne den Bischof etwas, was die Kirche betrifft, tun. Jede Eucharistiefeier gelte als zuverlässig, die unter dem Bischof oder einem von ihm Beauftragten stattfindet. Wo der Bischof erscheint, dort soll die Gemeinde sein, wie da, wo Christus Jesus ist. Ohne Bischof soll man weder taufen noch das Liebesmahl halten; was aber jener als gut findet, das ist auch Gott wohlgefällig."[7]

1.3 Das Verschwinden des Ständigen Diakonats

Bis zum Ende des 4. Jahrhunderts erlebte der Diakonat als kirchliches Amt einen ständigen Aufschwung und seine Blütezeit. Ab dem fünften Jahrhundert veränderte sich jedoch das kirchliche Leben insofern, dass der Dienst der Priester an Bedeutung gewann und viele Tätigkeitsfelder der Diakone nun von Priestern übernommen wurden. Der Diakonat wurde benachteiligt und allmählich auf eine Übergangsstufe zum Presbyterat reduziert.[8]

War es die eigene Überheblichkeit des Diakonenstandes, die sich darin zeigte, dass die eigentlichen Kernaufgaben und Dienste des Diakons nicht mehr wahrgenommen oder anderen übertragen wurden? War es der Neid anderer Kleriker, die sich von den Diakonen entmachtet fühlten, weil diese an der Seite der Bischöfe großen Einfluss hatten? War es die Titelsucht und die Machtausübung durch Kardinalsdiakone, die die Verantwortlichen für ganze Stadtteile waren? Der laufende Niedergang des Diakonats ab dem

7 Ebd., 79–81
8 Vgl. dazu: Georg Predel, Veränderte soziale Wirklichkeit – verändertes Amt. Zum Niedergang des Diakonates als eigenständigem Amt am Beispiel der Kirche Galliens im 4.–7. Jahrhundert. In: Klemens Armbruster, Matthias Mühl (Hg.), Bereit wozu? Geweiht für was? Zur Diskussion um den Ständigen Diakonat, Freiburg 2009, 63–94

siebten Jahrhundert wird von Kirchenhistorikern auch oft damit begründet. Sie nennen als einen der Gründe für den Niedergang des Diakonats, dass die Diakone an der Seite der Bischöfe zu mächtig und so innerhalb des Ordo im gemeinsamen Wirken mit den Presbytern zurückgedrängt wurden. Sie hatten oft die Güter der Bischöfe zu verwalten und so kam ihre eigene Bestimmung als Helfer der Armen zu kurz. Daher sei, so die Annahme, diese Quelle versiegt und war bis zur Wiedererweckung durch das Zweite Vatikanische Konzil verschwunden.[9] Bei genauerem Hinsehen und Erforschen der Geschichte des Diakonates muss aber auch auf die vielen Diakone hingewiesen werden, die trotz dieser Versuchung zu Macht und Einfluss ihr Amt bis zur Hingabe ihres Lebens in Treue ausgeübt haben.

1.4 Lebendige Kirchengeschichte – selige und heilige Diakone

Die Geschichte der Wiederbelebung des Ständigen Diakonats durch das Zweite Vatikanische Konzil gleicht der Wiederentdeckung versiegter Quellen. Die langjährige Tradition des Weihestandes der Diakone in der frühen Kirche versiegte im fünften Jahrhundert. Eigentlich dürfte es bei kirchlichen Diensten nicht um die Personen und nicht um den Bestand oder Nichtbestand einer Klerikergruppe gehen, sondern darum, ob der Dienst am Volk Gottes und an den Menschen wahrgenommen wird, die, weil sie arm oder ausgegrenzt sind, zu den bevorzugten Freunden Gottes zählen. Kardinal Schönborn formuliert in Bezug auf die derzeit entstehenden neuen kirchlichen Gemeinschaften: „Gott gibt durch seine Berufungen für jede Zeit eine Antwort auf die Not der Zeit." So stellt sich die Frage, wie im Volk Gottes die Not der Menschen wahrgenommen wird und warum das Zweite Vatikanum als Zeichen der Zeit die Wiedereinführung des Ständigen Diakones beschlossen hat.

Günter M. Lux, ein Mitbruder, der den Quellen des Ständigen Diakonats nachgegangen ist, dokumentiert in seinem Buch „Selige und heilige Diakone", dass viele Diakone ein beispielhaftes Leben führten, das für manche den Weg des Martyriums zur Folge hatte. Er ist vielen Viten und Legenden, Gedenktagen und Patronaten von als Selige und Heilige verehrten Diakonen nachgegangen und versucht, den Schatz ihres Wirkens in zweitausend

9 Vgl. Stefan Sander, Das Amt des Diakons. Eine Handreichung, Freiburg 2013, 81–87

Jahren Kirchengeschichte zu heben.[10] Beispielhaft für die verschiedensten Glaubenszeugnisse von Diakonen, die das konkrete Leben und so auch die Kirchengeschichte ihrer Zeit mitgeprägt haben, sollen einige Vertreter von heiligen und seligen Diakonen hier zu Wort kommen. So war es nicht nur Stephanus, der als Glaubenszeuge erster Märtyrer der frühen Kirche wurde. In der Zeit der Christenverfolgung im 4. Jahrhundert wurden viele Diakone wegen ihres Einsatzes für den Glauben und für die Armen verfolgt und ermordet. Die heiligen und seligen Diakone, die von den Zeiten der Urkirche an bis heute gelebt haben, sind uns Diakonen durch ihr Leben und ihre Hingabe lebendige Vorbilder. Ihre Bewährung in den verschiedensten Lebensrealitäten und ihre Herkunft aus den unterschiedlichsten Ländern können unseren Blick für die vielfältigen Ausprägungen des diakonalen Dienstes liefern.

Diakone – Männer des Glaubens

Im Vorwort zu „Selige und heilige Diakone“ schreibt Kardinal Schönborn: „Wie wir aus der Apostelgeschichte wissen, waren die Diakone, so wie die Apostel, Männer des Glaubens, die vom Heiligen Geist erfüllt und mit einer außergewöhnlichen Kraft für die Verkündigung erfüllt waren. Zahlreiche Wundertaten und erstaunliche Bekehrungen bezeugten ihr machtvolles Wirken im Dienste des Wortes Gottes, wie uns das Beispiel des heiligen Stephanus eindrucksvoll belegt. (...) Wie wir wissen, ist der Diakon ‚der zum Dienst Gerufene‘. Dienst aber ist in erster Linie die Verkündigung des Evangeliums, die Frohbotschaft Jesu Christi allen zu verkündigen. ‚Seid stets bereit, jedem Rede und Antwort zu stehen, der nach der Hoffnung fragt‘ (1 Petrus 3,15). Christus ist ihr Zentrum und ihr Mittelpunkt, nach dem sie ihren Kompass ausrichten. Durch die Verkündigung des Wortes Gottes wird allen Menschen eine befreiende Hoffnung geschenkt, die die Diakone ganz in den Dienst der Nachfolge Jesu stellt. (...) Lassen wir uns daher durch das Beispiel der heiligen und seligen Diakone wieder ergreifen. Ihr vorbildhaftes Leben für den Dienst in der Nachfolge Jesu Christi soll uns Mut machen für die Bedrängnisse im eigenen Leben. (...) Erinnern wir uns ... an das machtvolle Wirken dieser außergewöhnlichen Männer des Glaubens, die Instrumente und Zuträger göttlichen Lebens sind.“[11]

10 Günter M. Lux, Selige und heilige Diakone, Wien 2008
11 Christoph Schönborn, Geleitwort. In: Lux, Selige und heilige Diakone, 5–6

Augurius, Eulogius und Cyriakus

Ein Beispiel, wie eng die Verbindung zwischen den Bischöfen und den Diakonen bis hinein in den Tod war, zeigt der Bericht aus dem Jahr 259 über die Heiligen Augurius und Eulogius. Beide waren Diakone des heiligen Bischofs Fructosus von Tarragona in Spanien. „Ein christlich überarbeiteter Bericht über Einzelheiten ihres Prozesses und Martyriums geht auf Protokolle aus dem prokonsularischen Archiv zurück, sodass man ihm eine gewisse Authentizität zubilligen kann. Nachdem sie sich weigerten, das vom Kaiser Valerian vorgeschriebene Opfer an die Götter zu vollziehen, wurden sie gemeinsam mit ihrem Bischof am 21. Januar 259 im Amphitheater von Tarragona verbrannt. Bald nach ihrem Tod setzte die Verehrung ein, die auch durch den heiligen Augustinus bezeugt ist, der an ihrem Festtag über sie predigte und dabei Stellen aus ihren Märtyrerakten zitierte."[12] Aus dem Protokoll das Zeugnis des Diakons Augurius: „Dann wandte er (der Statthalter) sich an Augurius: ‚Achte nicht auf die Worte (des Bischofs) Fructosus.' Der Diakon Augurius aber sprach: ‚Ich verehre den allmächtigen Gott.' Dann verkündete der Statthalter das Urteil: Alle drei sollten lebendig verbrannt werden. Nachdem er die Brüder getröstet hatte, gingen er (Bischof Fructosus) und seine Diakone ‚hinein in das Heil', das heißt, die Flammen ergriffen sie. Als die Stricke verbrannt waren, mit denen man sie gebunden hatte, knieten sie freudig nieder und sprachen ihre gewohnten Gebete. Der Auferstehung gewiss, beteten sie im Zeichen des Kreuzes (mit ausgebreiteten Armen) zum Herrn bis zum letzten Atemzug."[13]

Ein weiterer Glaubenszeuge unter den Diakonen dieser Verfolgungszeit um 300 ist der heilige Cyriakus, der auch als Märtyrer-Nothelfer verehrt wurde. Cyriakus soll Archediakon des Papstes Marcellinus (296–304) gewesen sein und hat wahrscheinlich um 304 in der Verfolgung unter Kaiser Diokletian in Rom das Martyrium erlitten. Er wird in der „Depositio Martyrium" des Chronographen vom Jahre 354 erwähnt.[14] Als zu einem der vierzehn Nothelfer wird folgendes Gebet überliefert: „Heiliger Cyriakus, öffne unsere Augen für die leiblichen und geistlichen Nöte unserer Mitmenschen. Gib uns die Bereitschaft, auch die Kleinen mit ihren großen

12 Lux, Selige und heilige Diakone, 29

13 Ebd., 31

14 Ebd., 37

Sorgen anzuhören und ihnen in ihrer Not beizustehen. Hilf, dass unser Herz nicht in Egoismus und Hilflosigkeit erstarrt."[15]

Ephräm der Syrer

Ein Diakon, der nicht durch ein Martyrium umkam, sondern in einer Höhle, in die er sich zurückgezogen hatte und 373 dort verstorben ist, ist Ephräm der Syrer. Er wurde von Papst Benedikt XV. 1920 zum Kirchenlehrer ernannt. Geboren wurde Ephräm im Jahr 306 in Nisibis in der heutigen Türkei, an der Grenze zu Syrien. Seine Eltern dürften beide Christen gewesen sein. Der Diakon Ephräm stand Bischof Bares von Edessa als Freund und Berater zur Seite. „Ephräm beeindruckte auch durch sein soziales Wirken. Noch kurz vor seinem Tod vermittelte er während einer Hungersnot in Edessa zwischen den Reichen, die Kornvorräte besaßen, und der notleidenden Bevölkerung. (…) In der gegenwärtigen Wissenschaft wird Ephräm im Allgemeinen höchste Wertschätzung entgegengebracht. Er gilt als einer der größten christlichen bzw. religiösen Dichter der syrischen Kirche. Seine Schriften spiegeln seinen Mut, seine Aufrichtigkeit, seinen unerschütterlichen Eifer für den Glauben und seine Sympathie für die Armen wider."[16]

Ein Beispiel der von Ephräm verfassten Hymnen und Lieder ist der Hymnus über die Geburt Jesu aus Maria: „Der Herr trat in sie ein, um Knecht zu werden. Das Wort trat in sie ein, um in ihrem Schoß zu verstummen. Der Donner trat in sie ein, um sein Lärmen zum Schweigen zu bringen. Der Hirt trat in sie ein, und siehe, das geborene Lamm, das leise weint. Denn der Schoß Mariens kehrte die Rollen um. Er, der alle Dinge geschaffen hat, nahm ihn in Besitz, aber als Armer. Der Allerhöchste kam in sie (Maria), aber er trat ein in Niedrigkeit. Die Herrlichkeit kam in sie, gekleidet aber in ärmlichen Tüchern. Er, der alle Dinge spendet, lernt den Hunger kennen. Er, der allen zu trinken gibt, lernt den Durst kennen. Nackt und unbekleidet trat er aus ihr hervor, er, der alle Dinge (mit Schönheit) kleidet."[17]

---

15 Gebet zum hl. Cyriakus. Basilika Vierzehnheiligen. In: Riße, Boten einer neuen Zeit, 74

16 Ebd., 44–45

17 Hymnus De Nativitate 11,6–8. Zitiert nach: Riße, Boten einer neuen Zeit, 84

Laurentius

Diakone werden oft im Zusammenhang mit der Verwaltung von Kirchenvermögen und der Sorge um die Armen genannt. Dies spiegelt sich auch in der Legende des römischen Diakons Laurentius wider. Hintergrund dazu sind die Christenverfolgungen des Kaisers Valerian im Jahr 257. Die Verfolgung richtet sich in erster Linie gegen die kirchlichen Vorsteher, so auch gegen Papst Sixtus II., der bei einer Feier des Gottesdienstes in einer Katakombe ermordet wurde. Sein Diakon Laurentius wurde aufgefordert, den Kirchenschatz herauszugeben. Als er sich weigerte und bezeugte, er habe alle Schätze an die Armen verteilt, wurde er gefoltert und getötet.

Vinzenz von Saragossa

Ein weiterer Diakon, der sich im Einsatz für die Verwaltung der Güter zugunsten der Armen einsetzte und um 304 in Spanien, nördlich von Saragossa, lebte, ist der heilige Vinzenz von Saragossa. Sein Vater stammte aus einer Konsulsfamilie. Vinzenz ist seit dem 4. Jahrhundert einer der meistverehrten Märtyrer Spaniens. Er war Schüler des Bischofs von Saragossa, des heiligen Valerus. Da Valerus nicht redegewandt war, überließ er Diakon Vinzenz das Predigen. Als Archediakon zeichnete sich Vinzenz durch die gute Verwaltung der kirchlichen Güter für die Armen aus. In der Verfolgung unter Kaiser Diokletian ließ der Statthalter Datianus Bischof Valerus und seinen Diakon Vinzenz festnehmen und nach Valencia bringen, wo sie längere Zeit miteinander im Kerker verbrachten. Beim gerichtlichen Prozess, bei dem Vinzenz eine brillante Verteidigungsrede gehalten hatte, wurden beide verurteilt und zu Tode gemartert. In der Legende über den Bischof Valerus und seinen Diakon Vinzenz im Gefängnis gibt der Diakon ein mächtiges Zeugnis für den lebendigen Gott. Das Gedächtnis von Diakon Vinzenz von Saragossa wird am 22. Januar gefeiert, er wird auch als Patron der Holzfäller und der Winzer verehrt.[18]

Stephan II. und Paul I.

Zwei Diakone aus dem frühen Mittelalter sind eher durch ihr Wirken als Päpste bekannt. „Einer der bedeutendsten Päpste, der als Diakon in das höchste Kirchenamt gewählt wurde, war Stephan II. (752–757). Wie sein Bruder und Nachfolger Paul I. (757–767) stammte er aus einer stadtrömischen

18 Vgl. ebd., 119–121

Adelsfamilie. Beide wurden früh Waisen, daher im Lateran erzogen und erhielten die Diakonenweihe von Papst Zacharias (741–752). Das Pontifikat Stephans II. erlangte weltgeschichtliche Bedeutung infolge des päpstlichen Hilferufes an den fränkischen König Pippin III. gegen die Langobarden: In der ‚Pippinischen Schenkung' wurden Rom und weitere Gebiete dem hl. Petrus übertragen, was letztlich die Grundlage für den Kirchenstaat bildete."[19]

1.5 Franz von Assisi – gelebtes Armutsideal

Auf Franziskus als Diakon finden sich Hinweise in künstlerischen Darstellungen. So wird Franziskus in der Sakristei von Sant'Angelo, einer der franziskanischen Klosterkirchen in Mailand, in einem in der Zeit des Barock geschaffenen Deckenfresko bereits mit Albe, Zingulum und Diakonenstola gewandet dargestellt, ein Engel überreicht ihm eine Dalmatik.

Franziskus lebte bewusst ein Armutsideal. Es ging ihm nicht um ein Amt, er war in seinem Herzen Diakon. Die Priesterweihe, für die er sich nicht würdig hielt, lehnte er ab, um sich so auf besondere Weise mit Christus, dem dienenden Gottesknecht, zu vereinen. „Er hatte eine tiefe Reflexion des Diakonats, die ihn dazu führte, eben diesen Weihegrad – und keinen anderen – anzustreben und in ihm zu bleiben." Den Diakonat verstand er nicht bloß als liturgischen Dienst, sondern umfassender: Er wollte als Diakon Gottes und der Menschen sakramentaler Repräsentant des dienenden Herrn sein.[20] „Gerade weil Franziskus in seinen Briefen und Regeln immer wieder das Dienen betont, die Karriere nach unten statt nach oben, das Verweilen bei den Armen und Bettlern am Weg, steht bei ihm nicht das Amt im Vordergrund, sondern der Dienst, nicht das Diakonat, sondern die Diakonie. Sein ganzes Leben ist ein Beispiel ‚pro Diakonia Christi'."[21] Das Leben und Wirken des Diakons Franziskus zeigt, wie in der Berufung zur Nachfolge und zur liebenden Sorge um die Armen eine versiegte Quelle wieder neu fruchtbar werden kann.

---

19 Joachim Oepen, Der Diakonat vom Frühmittelalter bis zum 18. Jahrhundert. In: Riße, Boten einer neuen Zeit, 93

20 Vgl. Jurevičius, Zur Theologie des Diakonats, 61–62

21 Vgl. Leonhard Lehmann, Franziskus – ein Aussteiger seiner Zeit. In: Diaconia Christi 51/ 2016, 100

1.6 Von Franz von Assisi bis zum Zweiten Vatikanum

In der Zeit zwischen dem frühen 13. Jahrhundert und der Mitte des 20. Jahrhunderts, zwischen der herausragenden diakonischen Gestalt des Franz von Assisi und der Wiederentdeckung und Neuentfaltung des Diakonats durch das Zweite Vatikanum, scheint der Diakonat zu einer Vorstufe zum Priestertum verkümmert zu sein. Fast hat die Kirche einen jahrhundertelangen Weg ohne ein eigenes Diakonenamt zurückgelegt. Jedoch hat die Diakonie der Kirche niemals zu existieren aufgehört. In der Zeit des Niederganges des Diakonats traten immer wieder neue Gruppen von Hilfsbedürftigen und auch neue Formen der Diakonie auf. So wurden die Dienste an den Armen von Laien, Priestern und den entstehenden Ordensgemeinschaften wahrgenommen. Die neuen Orden und Klöster nahmen die Armen in ihre Gemeinschaft auf und gaben so eine Antwort auf die Not der Zeit. Für die Zeit bis zum 20. Jahrhundert kann festgestellt werden: Schon das Konzil von Trient im 16. Jahrhundert unternahm einen ersten Versuch, den Diakonat zu erneuern und ihm seine ursprüngliche Gestalt zurückzugeben, aber leider blieb es bei diesem Versuch. Die angedachte Reform konnte in den politischen und kirchlichen Auseinandersetzungen der Reformationszeit nicht verwirklicht werden. „Noch einmal 300 Jahre mussten überbrückt werden, bis die Wiedererweckung des frühkirchlichen Amtes des Diakons als eigene Stufe im 19. Jahrhundert wieder aufkeimte.“[22]

1.7 Neuentfaltung des Diakonats durch das Zweite Vatikanum

Einer der Gründe für die Einführung des Ständigen Diakonats als sakramentales Amt war sicher die Tatsache, dass Diakonie in der Kirche faktisch schon immer präsent war, wenn sie auch ohne Weihe durch Laien ausgeübt wurde. Karl Rahner und Herbert Vorgrimler betonen diesbezüglich: „Es soll also nicht ein nicht bestehendes Amt eingeführt werden, sondern es soll die sakramentale Amtsverleihung dieses im Grunde schon anonym bestehenden Amtes erneuert werden.“[23]

22 Riße, Boten einer neuen Zeit, 168

23 Karl Rahner, Herbert Vorgrimler, Diaconia in Christo. Über die Erneuerung des Diakonats (Questiones disputatae, Band 15/16), Freiburg 1962, 299

Die beim Konzil versammelte Gemeinschaft der Bischöfe erkannte ihren Auftrag, als Kirche in die Welt zu gehen und dort die Heilstaten Gottes neu zu verkünden. Die Sicherheit der „Festung Kirche" sollte zugunsten der Sendung zu den Menschen hintangestellt werden. Die Menschen sollten in ihrer Lebenswelt aufgesucht und mit der Botschaft von der Liebe Gottes neu konfrontiert werden. Nicht mehr einzelne Missionare sollten in „Heidenländer" aufbrechen und sie missionieren, jeder Christ sollte seine Sendung ernst nehmen und zu einem Gesandten Gottes werden. Als „Welt-Kirche" im doppelten Sinn – einerseits, weil die Botschaft bereits bis an die Enden der Welt verkündet wurde, und andererseits als Kirche, die bewusst in der Welt ihren Dienst sieht – erkannte sie ihre Sendung neu. Getrieben durch den Heiligen Geist sollte die Herausforderung der Zeit aufgegriffen werden. Die Kirche wollte sich als Heilszeichen der Erlösung in der Gegenwart, mitten in der Welt, verstehen.

Im Konzil wurde das Kirchen- und Amtsverständnis erneuert, der „alten Institution des Diakonats Inhalt und Leben zurückgegeben". Es ging also um eine schöpferische Neukonzeption des Diakonats der Zukunft, die mehr war als eine Wiederherstellung des alten Diakonats.[24]

Eine von Papst Johannes XXIII. am 5. Juni 1960 einberufene Vorbereitungskommission über die Verwaltung der Sakramente erarbeitete Vorschläge zur Erneuerung des Ständigen Diakonates. Eine Zentralkommission unter der Leitung des Papstes sollte dann über die endgültige Vorlage an das Konzil entscheiden.

In der dritten Sitzungsperiode im Herbst 1964 wurde die grundsätzliche Erneuerung des Diakonats angenommen. Stärkere Differenzen zeigten sich noch in der anschließenden Diskussion über die Frage der Zuständigkeit für die Erneuerung des Diakonates und über die Frage, ob man den Diakonat nur verheirateten Männern „reiferen Alters" anvertrauen dürfte. Als Zugeständnis an die Konzilspartei, die um den Priesterzölibat fürchtete, wurde für Männer, die Diakone werden wollen, das „reifere Alter" als Aufnahmebedingung festgelegt.

Die Erneuerung des Dienstes des Ständigen Diakonats wurde somit als Artikel 29 im Rahmen der Kirchenkonstitution „Lumen gentium" in der Plenarsitzung des Konzils am 21. November 1964 beschlossen und vom Papst promulgiert. In der Folgezeit kam es dank der Förderung durch Papst Paul VI.

---

24 Vgl. Jurevičius, Zur Theologie des Diakonats, 86

zur Bildung einer kleinen Kommission, die allgemeine Normen als Rahmengesetz für den Ständigen Diakonat entwerfen sollte.

In der Kirchenkonstitution „Lumen gentium“ und im Dekret „Ad gentes“ wird der Diakonat als Dienst beschrieben, der dem inneren Aufbau des Volkes Gottes dient.

> „In der Hierarchie eine Stufe tiefer stehen die Diakone, welche die Handauflegung ‚nicht zum Priestertum, sondern zur Dienstleistung empfangen‘. Mit sakramentaler Gnade gestärkt, dienen sie dem Volke Gottes in der Diakonie der Liturgie, des Wortes und der Liebestätigkeit in Gemeinschaft mit dem Bischof und seinem Presbyterium. Sache des Diakons ist es, je nach Weisung der zuständigen Autorität, feierlich die Taufe zu spenden, die Eucharistie zu verwahren und auszuteilen, der Eheschließung im Namen der Kirche zu assistieren und sie zu segnen, die Wegzehrung den Sterbenden zu überbringen, vor den Gläubigen die Heilige Schrift zu lesen, das Volk zu lehren und zu ermahnen, dem Gottesdienst und dem Gebet der Gläubigen vorzustehen, Sakramentalien zu spenden und den Beerdigungsritus zu leiten. (…) Weil diese für die Kirche in höchstem Maße lebensnotwendigen Ämter bei der gegenwärtig geltenden Disziplin der lateinischen Kirche in zahlreichen Gebieten nur schwer ausgeübt werden können, kann in Zukunft der Diakonat als eigene und beständige hierarchische Stufe wiederhergestellt werden. Den zuständigen verschiedenartigen territorialen Bischofskonferenzen kommt mit Billigung des Papstes die Entscheidung zu, ob und wo es für die Seelsorge angebracht ist, derartige Diakone zu bestellen. Mit Zustimmung des Bischofs von Rom wird dieser Diakonat auch verheirateten Männern reiferen Alters erteilt werden können, ferner geeigneten jungen Männern, für die jedoch das Gesetz des Zölibats in Kraft bleiben muss.“[25]

Hiermit werden die spezifischen Aufgaben des Diakons in Abgrenzung zum Priester festgelegt. Die Entscheidung über die Zulassung liegt beim Ortsbischof. Der Diakonat wird für „verheiratete Männer reiferen Alters“ geöffnet, für die „geeigneten jungen Männer“ gilt jedoch weiterhin die Zölibatsverpflichtung.

---

25 Zweites Vatikanisches Konzil, Lumen gentium. Dogmatische Konstitution über die Kirche, Kapitel III, Nr. 29

> „Wo die Bischofskonferenzen es für gut halten, soll der Diakonat als fester Lebensstand wieder eingeführt werden, entsprechend den Normen der Konstitution über die Kirche; denn es ist angebracht, dass Männer, die tatsächlich einen diakonalen Dienst ausüben, sei es als Katechisten in der Verkündigung des Gotteswortes, sei es in der Leitung abgelegener christlicher Gemeinden im Namen des Pfarrers und des Bischofs, sei es in der Ausübung sozialer oder caritativer Werke, durch die von den Aposteln her überlieferte Handauflegung gestärkt und dem Altare enger verbunden werden, damit sie ihren Dienst mit Hilfe der sakramentalen Diakonatsgnade wirksamer erfüllen können.“[26]

Wer also bereits als Katechist im Dienst der Verkündigung, als Leiter einer christlichen Gemeinde oder in sozialen oder karitativen Werken tätig ist, also einen tatsächlich diakonalen Dienst ausübt, soll durch die Weihegnade gestärkt werden und seinen Dienst in enger Verbindung mit dem Altar wirksamer ausüben können.

Der Anstoß zur Wiedereinführung des Ständigen Diakonats kam vor und während des Konzils aus ganz verschiedenen Richtungen: Zahlreiche Bischöfe aus den Missionsgebieten erblickten darin eine Chance, dem Priestermangel in ihren Ortskirchen durch die Weihe bewährter verheirateter Katechisten zu begegnen und diesen – und auch darüber wurde schon vor und während des Konzils häufig diskutiert – später den Weg zur Priesterweihe zu ebnen. Auch in Europa hatte sich in den Jahren nach dem Zweiten Weltkrieg ein starker Priestermangel bemerkbar gemacht. In der französischen Kirche wollte man der Säkularisierung und Entfremdung weiter Kreise der Bevölkerung durch die Einführung eines Amtes, dessen Träger näher bei den Menschen waren, begegnen und manchen Bischöfen war der Aufbau einer Kirche der Armen ein Herzensanliegen. Manche Theologen vermissten in der Kirche schon damals eine stärkere Betonung der Diakonie, die durch ein eigenes Amt wieder neu zur Geltung gebracht werden sollte.[27]

Unter den Streitfragen, die in der zweiten Sitzungsperiode den Konzilsvätern zur Klärung vorgelegt wurden, war auch die Einrichtung des „Dia-

---

26 Zweites Vatikanisches Konzil, Ad gentes. Dekret über die Missionstätigkeit der Kirche, Kapitel II, Nr. 16. Vgl. Peter Hünermann, Hans-Joachim Sander, Guido Bausenhart, Herders Theologischer Kommentar zum Zweiten Vatikanischen Konzil, Bände 1 u. 2, Freiburg 2004

27 Vgl. Bernd Lunglmayr, Der Diakonat. Kirchliches Amt zweiter Klasse?, Innsbruck-Wien 2002, 16–17

konats als eigenen und ständigen Grad des heiligen Dienstes". In der Abstimmung sprachen sich erstaunlicherweise 1588 Bischöfe dafür, aber immerhin auch 525 dagegen aus. Der Text über den Diakonat, den das Konzil schließlich approbierte, weist gegenüber der vorangehenden Fassung eine deutliche Verlagerung in Richtung auf eine stärkere diakonale Ausrichtung dieses Amtes auf. Während der Diakon zunächst noch primär von seiner Assistenz am Altar und bei der Eucharistie gesehen wurde, wird im Konzilstext festgehalten, dass die Diakone die Handauflegung „nicht zum Priestertum, sondern zur Dienstleistung empfangen. Mit sakramentaler Gnade gestärkt dienen sie dem Volk Gottes in der Diakonie der Liturgie, des Wortes und der Liebestätigkeit." (LG 29)

Mit der Wiedereinführung des Diakonats verbanden die Konzilsväter damals je nach Region sehr verschiedene Erwartungen und Hoffnungen, die sich im Missionsdekret noch erkennen lassen. Den Bischöfen ging es wohl auch um ein differenziertes und auf die Zukunft offenes Verständnis des Diakonats, das sich deutlich vom Amt des Priesters unterscheidet. Manche Konzilsväter hielten es vor allem für angemessen und notwendig, „dass jene, die faktisch diakonale Dienste ausüben, wie die Katechisten in der Verkündigung und in der Leitung kleiner Gemeinden bzw. in der Leitung karitativer und sozialer Institutionen, auch die kirchliche Handauflegung zu diesem Dienst erlangen."[28] Im Missionsdekret wurde als Antwort auf den Wunsch der Missionsbischöfe die Möglichkeit eröffnet, verheiratete Katechisten als Verkünder des Wortes Gottes zu Diakonen zu weihen, eine Chance, die leider in vielen Kirchen des Südens zu wenig wahrgenommen wurde. Es war wohl die Angst vor einer sich daraus ergebenden Infragestellung des Zölibats oder die Befürchtung, den Katechisten durch die Diakonatsweihe zu viel Macht zu geben und sie zu Konkurrenten der Priester zu machen, was dazu führte, dass eine große pastorale Chance über Jahrzehnte nicht genutzt wurde.[29] Wo aber nationale oder regionale Bischofskonferenzen den Raum dafür eröffneten, wurde dieses wiederentdeckte Amt zum Segen für die Ortskirchen und ihre Sozial- und Gemeindepastoral.

---

28 Peter Hünermann, Theologischer Kommentar zum Dekret über die Missionstätigkeit der Kirche Ad gentes. In: Herders Theologischer Kommentar, Bd. 4, Freiburg-Basel-Wien 2005, 286

29 Vgl. Lunglmayr, Der Diakonat, 18

1.8 Nach dem Konzil – ausführende Bestimmungen durch päpstliche Schreiben

Das Konzil hatte den Weg zur Einführung des Ständigen Diakonats geöffnet, aber erst in der Folge wurden kirchenrechtliche Ausführungsbestimmungen zur Verwirklichung der Konzilsbeschlüsse erlassen. Papst Paul VI. veröffentlichte am 18. Juni 1967 das Apostolische Schreiben „Sacrum Diaconatus ordinem", in dem der rechtliche Rahmen zur Weiterentwicklung des Diakonats in der Weltkirche abgesteckt wird.[30] Am 15. August 1972 wurden zwei weitere Erlässe von Paul VI. veröffentlicht: das Motu Proprio „Ministeria quaedam" sowie das Motu Proprio „Ad pascendum"[31], die die kirchenrechtlichen Bestimmungen bezüglich der Weihestufe des Diakonats ergänzen. Diese sind ebenso wie die vorhergehenden Dokumente in die am 22. Februar 1998 veröffentlichten Grundnormen für die Ausbildung der Ständigen Diakone und das Direktorium für den Dienst und das Leben der Ständigen Diakone eingeflossen.[32]

30 Papst Paul VI., Sacrum Diaconatus ordinem. Allgemeine Normen für die Einrichtung des Ständigen Diakonats in der Lateinischen Kirche, Apostolisches Schreiben, gegeben als Motu Proprio, 18. Juni 1967. Vgl. Jurevičius, Zur Theologie des Diakonats, 88–90

31 Papst Paul VI., Ministeria quaedam / Ad pascendum, Apostolische Schreiben, gegeben als Motu Proprio, 15. August 1972

32 Vgl. Kongregation für das Katholische Bildungswesen, Kongregation für den Klerus, Grundnormen für die Ausbildung der Ständigen Diakone. Direktorium für den Dienst und das Leben der Ständigen Diakone, Rom 1998

2. EINFÜHRUNG UND WEITERENTWICKLUNG DES STÄNDIGEN DIAKONATS IN DER WELTKIRCHE UND IM DEUTSCHSPRACHIGEN RAUM

2.1 Der Ständige Diakonat in der Weltkirche

Nach der von der Agenzia Fides zum Sonntag der Weltkirche 2018 veröffentlichte Statistik hat sich die Zahl der Ständigen Diakone weltweit um 1057 auf insgesamt 46.312 erhöht. In Europa hat ihre Zahl innerhalb eines Jahres um 145 zugenommen, während die Zahl der Priester im selben Jahr in Europa um 2583 zurückgegangen ist. Die meisten neuen Diakone gab es in Amerika (+ 842).[33] Die ersten Ständigen Diakone sind nicht in Europa geweiht worden. Die Kirche hat hier eine weltweite Entwicklung angestoßen. Diese Entwicklung einer weltkirchlichen Berufung ist ein erfreuliches Zeichen der Zeit.

Anfang des letzten Jahrhunderts wuchsen die Missionsorden, die ihre Sendung als Botschafter des Glaubens in die Welt hinaustrugen. In seinem Beitrag in Diaconia Christi, der Zeitschrift des Internationalen Diakonatszentrums (IDZ), stellt Klaus Kießling – viele Jahre der Präsident des IDZ – die Frage, welche Aufgabe die Diakone als Botschafter in der Weltkirche heute haben:

> „Als Diakon verstehe ich mich als Botschafter unseres menschgewordenen Gottes, der Solidarität zeigt bis in den Tod und darüber hinaus. Ich glaube, dass mit Gottes Menschwerdung unsere Menschwerdung einsetzt. Als Botschafter Jesu Christi sind wir dazu berufen, anderen Menschen auf ihrem Weg der Menschwerdung solidarisch beizustehen, den

33 Vgl. Agenzia Fides (engl.), 21. Oktober 2018, 2

> Nächsten in der alltäglichen Seelsorge, den Fernsten überall auf der Welt. Wenn einer des Anderen Last trägt (Gal 6,2), so kann es auch geschehen, dass die wenigen Versammelten für die vielen beten, die derzeit nicht da sind. Und umgekehrt mögen die in der Welt Aktiven auch diejenigen vertreten, die kontemplativ leben. Auch Gemeinden sind miteinander verbunden, Ortskirchen und weltkirchliche Gemeinschaften – in gegenseitiger Stellvertretung. Und mir selbst bedeutet es viel zu spüren, dass irgendwo auf der Welt ein Mensch für mich betet – und ich für ihn. Eine Mission, die über den eigenen Kirchturm hinausreicht, eine weltkirchliche Mission erweist sich so nicht als zusätzliche Last, sondern als Ressource, als spirituelle und inspirierende Ressource".[34]

Schon vor den Beschlüssen des Zweiten Vatikanischen Konzils wird von der Vorbereitung von möglichen Weihekandidaten in den verschiedensten Ländern der Weltkirche berichtet. Schon im Jahr 1966 berichten auf einer internationalen Tagung in Rottenburg Teilnehmer aus 35 Ländern über den Stand und die Entwicklung des Diakonates in ihrem Bereich. Während sich der deutsche und der französische Episkopat zuerst nur für die Einführung des Diakonates ausgesprochen haben, war man in anderen Ländern schon weiter.[35]

Die ersten Schritte zur Einführung des Ständigen Diakonats nach dem Zweiten Vatikanischen Konzil in verschiedenen Ländern der Weltkirche lassen sich anhand kirchlicher Medienberichte exemplarisch dokumentieren:

Australien

In Australien wurde 1966 der erste Ständige Diakon geweiht. „Es handelt sich um den 27-jährigen Michael James Naisbitt, der bereits eine fünfjährige theologische Ausbildung auf dem Fernkursweg erfahren und zuletzt auch in einem Ordensseminar studiert hat. Naisbitt, dem Bischof Goody von Bunburry in einer feierlichen Zeremonie die Diakonenweihe erteilte, wurde bereits in sein neues Amt eingeführt und wirkt nunmehr in Westaustralien. Auch er wird alle Funktionen erfüllen, die das Konzil für den Diakonenstand vorgesehen hat."[36]

---

34 Klaus Kießling, Was ist die Mission der Diakone in der Weltkirche und in der Welt? In: Diaconia Christi 52/2017, 87–88

35 Vgl. Kathpress, 30. Dezember 1966

36 Kathpress, 25. Juli 1966

Bolivien

Bei einem im Jahr 2007 stattgefundenen Ausbildungskongress berichtete der Vertreter der bolivianischen Diakone über die Schwierigkeit der Glaubensverkündigung: In seinem Land sind 70–80 % der Bevölkerung indianischer Abstammung. Menschen seien von den uralten Riten angezogen. Sie würden die katholische Kirche verlassen und zu den alten Gottheiten zurückkehren. Für ihn als Diakon und seine Familie sei es sehr schwer, den Glauben an Jesus Christus zu bezeugen.[37]

Brasilien

Die Kathpress berichtete am 25. Juli 1966 über den Stand der Entwicklung des Ständigen Diakonats und über erste Schritte zur Einführung des neuen Standes in Brasilien: „Nach einem Beschluss der Bischöfe wurde in der Provinzstadt Goiania der erste Ausbildungskurs für die künftigen Diakone aus fünf Diözesen begonnen. Die Ausbildung soll insgesamt 30 Monate umfassen. Am ersten Kurs nehmen 20 verheiratete Männer im Alter von 30 bis 40 Jahren teil. Die künftigen Diakone, die nach ihrer Weihe in priesterlosen Gemeinden arbeiten sollen, werden ihre Berufstätigkeit beibehalten. Ihr Dienst wird Glaubensverkündigung, Religionsunterricht, Wortgottesdienste und Predigt, Spendung des Taufsakramentes und die Austeilung der heiligen Kommunion umfassen."[38]

Erzbischof Anuar Battisti berichtete 2016 über den erfreulichen Stand der Anzahl von Ständigen Diakonen: über 3400 in Brasilien und über zehntausend Diakone in Lateinamerika. In seinem Beitrag bezeugte er, dass es sich bei den Diakonen um „eine Kraft der Verkündigung, auf die die Kirche nicht nur angewiesen ist, sondern die auch immer dringender benötigt wird", handelt. Schon jetzt „nähren sich 70 % der Gemeinden, die ohne Eucharistie leben, aus den Wortgottesfeiern, die Diakone und Laien abhalten"[39]. Er zitierte das Abschlussdokument der Versammlung der Lateinamerikanischen Bischofskonferenz von Aparecida im Jahr 2007:

---

37 Vgl. Rob Mascini, Diakone in Lateinamerika. Ein besonderer Kongress. In: Diaconia Christi 42/2007, 62

38 Vgl. Kathpress, 25. Juli 1966

39 Anuar Battisti, Der Ständige Diakonat in der Kirche der Zukunft. In: Diaconia Christi 51/2016, 64

> „Das ist die große Herausforderung, vor der wir stehen: zu beweisen, dass die Kirche die Fähigkeit besitzt, Jünger und Missionare hervorzubringen und auszubilden, die ihrer Berufung folgen und überall aus tiefer Dankbarkeit und Freude das Geschenk der Begegnung mit Jesus Christus weitergeben. Wir haben keinen anderen Schatz als diesen. Wir finden kein anderes Glück und auch keine anderen Prioritäten als die, in der Kirche Werkzeuge des Geistes Gottes zu sein, damit man Jesus Christus begegnen, ihm folgen, ihn lieben, anbeten, allen verkündigen und weitergeben kann – trotz aller Schwierigkeiten und Widerstände. Das ist der beste Dienst, den die Kirche als ihren ureigenen Dienst den Menschen und Nationen anbieten muss."[40]

Für Battisti ist es „unvorstellbar, den Dienst des Diakons auf die Liturgie oder die bürokratischen Strukturen der Institution zu begrenzen". Er forderte das Überwinden veralteter und überkommener Strukturen. Die Kirche solle ein „lebendiger Ausdruck der barmherzigen Liebe des Vaters" sein, eine Kirche im Dienst der Armen, wie es „Papst Franziskus gefordert und angekündigt hat: offen, nah, mitfühlend und einladend, die liebevolle Kirche, die sich der Würde aller Menschen verpflichtet hat."[41]

Chile

Chile war eines der ersten Länder, in denen nach dem Konzil Diakone geweiht worden sind. Im Jahr 2018 wurde das 50-jährige Jubiläum der ersten Weihen gefeiert. In Chile waren bereits im Jahr 2008 über 2000 Ständige Diakone tätig.[42]

Hongkong

Am 1. Februar 1993 berief Kardinal John Baptist Wu ein diözesanes Komitee zur Förderung des Ständigen Diakonats ein. Die Schwerpunkte der Zusammenkünfte betrafen die geistliche Formation, die Ausdehnung der Lern- und Dienstfelder, die Organisation der Studientage und die Öffentlichkeitsarbeit der Ständigen Diakone. Generalvikar Prälat Dominic Chan ist Vor-

---

40 Aparecida 2007, Schlussdokument der 5. Generalversammlung des Episkopats von Lateinamerika und der Karibik, Nr. 14. In: Anuar Battisti, Der Ständige Diakonat in der Kirche der Zukunft. In: Diaconia Christi 51/2016, 64

41 Vgl. Anuar Battisti, Der Ständige Diakonat, 64

42 Vgl. Mascini, Diakone in Lateinamerika, 61

sitzender der Kommission und gleichzeitig für die Ausbildung der zukünftigen Diakone zuständig. Mit Stand 2016 gab es in der Diözese Hongkong zwanzig Ständige Diakone und vierzehn Kandidaten in Ausbildung. Der Direktor und Ausbildungsleiter trifft sich regelmäßig mit den Kandidaten und Anwärtern, um ihren Ausbildungsstand gemäß ihrer Eignung und Neigung zu evaluieren, die Ausbildungserfordernisse zu planen und Leitlinien und Unterstützung zu geben. „Diplomierte Psychologen werden gebeten, ihre Einschätzung zu Aspiranten und zur Aufnahme von Kandidaten zu geben. Häusliche Besuche bei Kandidaten und Anwärtern werden abgehalten, um einen besseren Einblick in ihre Lebensumstände zu gewinnen und die Stellungnahmen ihrer Familienangehörigen zum Amt des Diakons kennen zu lernen. Zur Förderung des geistlichen Wachstums und der Harmonie in ihren Familien, zur Festigung des Gemeinschaftslebens und zur Teilhabe an ihrer Lebenserfahrung übernehmen Diakone die Mentoren-Rolle für die Kandidaten und Anwärter. Ein Spiritualitäts-Entwicklungskomitee hat auch ein Ausbildungsmodul entworfen, das die franziskanische und die ignatianische Spiritualität umfasst, mit Schriftlesung, Einkehr und Besinnung, Reflexion, Meditation und Gebetsleben. Seine geistlichen Erfahrungen zeichnet jeder Diakon in einem Logbuch zur Selbstreflexion des Weges zum geistlichen Wachstum auf. Die Teilnahme am Programm ist über einen Zeitraum von drei Jahren für alle Diakone verpflichtend.“[43]

Indien

Schon 1964 beschloss die Katholische Bischofskonferenz in Indien die Einführung des Ständigen Diakonats, aber erst 1983 beantragten die ersten Diözesen die Erlaubnis zur Umsetzung. Danach dauerte es noch bis 2006, bis die ersten Diakone in Bombay von Kardinal Ivan Dias geweiht wurden. 2009 wurden von Kardinal Oswald Gracias weitere acht Diakone und 2015 drei Diakone geweiht. Sie wurden in drei unterschiedlichen Aufgabenbereichen, nämlich der Seelsorge, der Bibelpastoral und der Jugendarbeit, diözesan eingesetzt. Für die Ausbildung der Ständigen Diakone wurde im Jahr 2005 ein eigenes Programm erarbeitet. Wegen Überlastung der Ausbildner wurden die Kandidaten als Tagesschüler dem regulären Programm des Priesterseminars eingeschrieben. Dies wurde von den Kandidaten als sehr bereichernd

43 Vgl. Dominic Chan Chi Ming, Edwin Ng, Bericht zum Ständigen Diakonat in Hong Kong. In: Diaconia Christi 51/2016, 192–194

empfunden. Sie schätzen vor allem die gemeinsame Ausbildung mit den zukünftigen Priestern, mit denen sie tätig werden sollen, als gute spirituelle, akademische und pastorale Ausbildung. Warum der Ständige Diakonat sich nicht in andere Diözesen Indiens ausbreiten konnte, begründet Gilbert de Lima, Priester der Erzdiözese Bombay und Vizepräsident des Internationalen Diakonatszentrums, damit, dass die Kirche in Indien noch keinen Mangel an Berufungen für das Priesteramt hat:

> „Außerdem erkennen möglicherweise viele noch nicht, dass die Kirche ohne den Ständigen Diakonat gewissermaßen unvollständig ist ... Mögen wir in der Nachfolge unseres ‚diakonischen Heiligen Vaters' Papst Franziskus danach trachten, das Licht des Glaubens (lumen fidei) in unseren Worten zu verbreiten, aber deutlicher noch in unseren Talenten."[44]

Kamerun

Die Kathpress berichtete im Oktober 1969 von einem erfolgreichen Experiment in der Diözese Douala in Kamerun. Am 8. Dezember 1968 wurden sieben verheiratete Männer zu Diakonen geweiht, die ersten auf dem afrikanischen Kontinent. Die schon bisher nebenberuflich im Dienst der Kirche als Lehrer, Katecheten und Krankenpfleger tätigen Männer erhielten eine vierjährige Ausbildung, drei von ihnen sind jetzt hauptberuflich, vier im Nebenamt tätig. Bischof Thomas Mongo berichtete auf einer Tagung in Freiburg, Deutschland, dass er mit dem Ergebnis des „Experimentes" sehr zufrieden sei. „Sie halten Wortgottesdienste, erteilen Religionsunterricht, teilen die Kommunion aus und taufen." Gern hätte Bischof Mongo noch einige Spezialisten für den wichtigen Bereich Sozialarbeit, aber hier würden die finanziellen Mittel fehlen. Seitens des Internationalen Informationszentrums für den Diakonat in Freiburg bekommt der Bischof die Zusicherung zur Unterstützung des Ausbaues des Diakonats-Netzwerkes durch eine „Aktion Diakone Douala".[45]

Puerto Rico

Schon 1965 wurde auf Puerto Rico, in der zentralen Diakonen-Ausbildungsstätte für Lateinamerika, damit begonnen, Männer auf das Diakonenamt vorzubereiten. „Die Diakone, die sowohl junge unverheiratete als auch rei-

---

44 Vgl. Gilbert de Lima, Der Ständige Diakonat in Indien. In: Diaconia Christi 51/2016, 187
45 Vgl. Kathpress, 10. Oktober 1969

fe verheiratete Männer sein können, würden besonders in Lateinamerika als Assistenten der Priester dringend benötigt." 40 seien schon ausgebildet worden, 1500, so Bischof Mendez, habe er bereits ausgewählt, Bürgermeister, katholische Lehrer und Beamte sollen für die Ausbildung gewonnen werden.[46]

Vereinigte Staaten von Amerika

Am 18. Oktober 1968 berichtete die Kathpress aus Washington: „Der Heilige Stuhl hat der US-Bischofskonferenz die Erlaubnis zur Einrichtung eines ständigen Diakonenstandes für verheiratete und unverheiratete Männer gegeben. Wie der Generalsekretär der Bischofskonferenz Titularbischof Joseph Bernardin jetzt mitteilte, dürfen die Bischöfe überall da, wo es die lokalen Verhältnisse verlangen, den Diakonat einrichten. Die zukünftigen Diakone werden in einem zweijährigen Kurs auf ihre Aufgaben vorbereitet."[47] Der Ständige Diakonat hat sich in den USA rasch entwickelt und war im Jahr 2017 auf 18.704 angewachsen. Eine 2017 durchgeführte Studie beschreibt die Herkunft der Ständigen Diakone: 81 % weiße Amerikaner, 15 % Latino-Amerikaner, 2 % Afroamerikaner, je 1 % asiatische Amerikaner und amerikanische Ureinwohner. Die Studie kommt zu dem Schluss, dass mehr kulturelle Diversifikation nötig wäre. Ein Vergleich mit Europa ergab: Im Jahr 1977 lag das Durchschnittsalter der Ständigen Diakone in den USA bei 49 Jahren, in Europa bei 41. 2017 hingegen war das Durchschnittsalter in den USA 68 Jahre, in Europa 46. 93 % waren verheiratet, 4 % verwitwet, 2 % alleinstehend, 0,6 % geschieden und 0,4 % wiederverheiratet (Stand 2017).[48]

2.2 Wiedereinführung des Ständigen Diakonats in Deutschland

Nach einem Bericht der Kathpress gab es in Deutschland „seit 1951 eine Reihe von verheirateten Männern, die sich aus innerem Antrieb zur Gemeinschaft des Diakonatskreises zusammengefunden haben. Sie stehen zumeist schon heute als Pfarrhelfer und Sozialarbeiter, als Katecheten und als Religionsleh-

46 Vgl. Kathpress, 11. März 1965

47 Kathpress, 18. Oktober 1968

48 Vgl. National Association of Diaconate Directors, Three National Studies. Permanent Diaconate in United States, 1981, 1995, 2018. Übermittelt durch das Internationale Diakonatszentrum, Rottenburg, 10. Februar 2018

rer im Dienste der Kirche. Daneben gibt es Ordensgemeinschaften, die auf die Erlaubnis hoffen, ständige Diakone zugestanden zu bekommen."[49] Einer Pressemeldung über eine Akademietagung in Rottenburg, Deutschland, über den Diakonat aus dem Jahr 1966 ist zu entnehmen, „dass sich spontan 36 Männer, zumeist aus sozialen Berufen wie Fürsorger, Krankenpfleger, Lehrer usw. als fest Interessierte für das Amt des Diakones gemeldet haben. Sie sind bereit, die Verpflichtungen dieses Diakonates neben dem weltlichen Beruf auf sich zu nehmen."[50]

Als Väter der Diakonenbewegung nach den Weltkriegen und vor dem Zweiten Vatikanischen Konzil sowie der bereits zu dieser Zeit gegründeten Diakonatskreise in Deutschland zählt Günter Riße auf: Josef Hornef (Fulda), Hannes Kramer (Freiburg), Josef Völker und Gottfried Custodis (Köln) und den „Vater der Diakone", Weihbischof Augustinus Frotz (Köln), der unermüdlich die Diakonenbewegung in Deutschland lebendig machte. Sie alle waren „zutiefst überzeugt, dass die Diakone zum ‚geistlichen Quellgrund im Liebes- und Nächstendienst der Kirche werden'."[51]

Die Kathpress berichtete über erste Weihen in Deutschland: „Im Kölner Dom werden am 28. April 1968 erstmalig in Europa nach den Richtlinien des Zweiten Vatikanischen Konzils fünf verheiratete Männer zu Diakonen geweiht. Die Weihe der verheirateten Männer ist in Deutschland möglich, nachdem die Deutsche Bischofskonferenz auf ihrer jüngsten Vollversammlung am 4. bis 7. März 1968 in Stuttgart-Hohenheim die Grundordnung für die Ausbildung der Diakone verabschiedet hat. Die Entscheidung über die Weihe der Diakone liegt bei den Diözesanbischöfen. (…) Die fünf Diakone – unter ihnen auch ein Düsseldorfer Stadtrat und ein Mittelschuldirektor – werden weiterhin in ihren bisherigen Berufen tätig sein."[52]

Ein Blick auf die Predigt von Kardinal Josef Frings, der als starker Befürworter des Ständigen Diakonats am Konzil auftrat, zeigt seine Vorstellung vom neuen Dienstamt des Ständigen Diakonats. Er verwies auf die großen Vorbilder der Diakone:

„… den heiligen Stephanus, den Mann aus der Reihe der ersten sieben

49 Kathpress, 24. Juli 1962
50 Kathpress, 27. Mai 1964
51 Vgl. Günter Riße, Der Diakonat – ein aufrüttelndes Zeichen für Kirche und Welt. In: Riße, Boten einer neuen Zeit, 168–169
52 Kathpress, 2. Mai 1968

Diakone, die in der Urkirche geweiht wurden durch die Apostel selbst, den Mann, der ... während der ersten Christenverfolgung zu Jerusalem mit wunderbarem Freimut vor dem Hohen Rat den Glauben an Christus bekannt und verkündigt hat. Ihr habt als Vorbild der Katechese den heiligen Philippus, der die Landschaft Galiläas missionierte und in einer wunderbaren Einzelkatechese den Kämmerer der Königin Kandake von Äthiopien ... unterrichtete. (...) Als Vorbild für die Sorge für die Armen und für die Verwaltung der kirchlichen Güter, die immer miteinander verbunden sein sollen, haben wir den heiligen Laurentius, der in Rom dem Papst Sixtus II. beigegeben war und der in der Verfolgung ein wunderbares Martyrium für Christus, seinen Herrn, abgelegt hat und dafür bis auf den heutigen Tag in der heiligen Stadt, aber auch weit darüber hinaus hoch verehrt wird. Wenn man nun all diese Aufgaben des Diakons zusammenfassen wolle und das innerste Wesen des Diakonates zu ergründen suche, so werden wir sagen müssen, durch die Diakonatsweihe seid ihr Christus dem Herrn ähnlich gestaltet worden, und zwar vor allem dem dienenden Christus. Das sagt schon euer Name: Diakon, denn das heißt Diener."[53]

Wolfgang Speicher gehörte dieser ersten Weihegruppe an. Er berichtet als einer der noch lebenden Zeitzeugen: „Nach der Weihe im Kölner Dom waren wir mit unseren Familien zu Gast im Karl-Josef-Haus. Hier begrüßte und beglückwünschte uns der fast blinde Erzbischof Josef Kardinal Frings nochmals per Handschlag. Ich hatte kurz vor meiner Diakonenweihe darum gebeten, meinen am 11. März 1968 geborenen Sohn Joachim-Johannes nach meiner Weihe taufen zu dürfen. Als ich Erzbischof Frings nochmals vorgestellt wurde, sagt der Erzbischof zu mir: ‚Na dann feiern Sie morgen Ihre Primiz und taufen Sie Ihren Sohn!'."[54]

---

53 Josef Kardinal Frings, Predigt in der Weihemesse der ersten fünf Ständigen Diakone im Hohen Dom zu Köln am 28. April 1968. In: Riße, Boten einer neuen Zeit, 139–140

54 Wolfgang Speicher, Der Letzte der Ersten. In: Riße, Boten einer neuen Zeit, 148

2.3 Das Internationale Diakonatszentrum mit Sitz in Rottenburg

Stefan Sander, der Geschäftsführer des Internationalen Diakonatszentrums, berichtet über Geschichte, Tätigkeitsbereiche und aktuelle Projekte des IDZ:

Was ist und macht das IDZ?

„Ehrwürdige Brüder und liebe Söhne! Wir sind glücklich, euch bei Uns empfangen zu können. Unter dem Präsidium der Kardinäle Julius Döpfner, Raul Silva Henriquez und Franjo Seper habt ihr in einer internationalen Studientagung zusammen mit eifrigen Hirten und illustren Theologen darüber nachgedacht, was ‚der Diakon in der Kirche und in der Welt von heute' sein könnte und sollte. Ihr habt euch also zur Aufgabe gestellt, die Lehre des Konzils über den Diakonat zu vertiefen und habt zugleich über die Ausbildung und den Aufgabenbereich des Diakons nachgedacht, je nach der Mannigfaltigkeit der Bedingungen in den verschiedenen Ländern. Wer sieht nicht die große Bedeutung, die die Diakonie in unseren christlichen Gemeinden haben kann. Möge der allmächtige Gott eure Arbeit mit seiner Gnade befruchten zu Seiner größeren Ehre und zum Wachstum Seines Reiches."

Mit diesen Worten ermunterte Papst Paul VI. die Teilnehmer der ersten Internationalen Studienkonferenz bei der Audienz am 25. Oktober 1965 im Vatikan, das Amt des Diakons zu entwickeln. Über 250 Personen aus 27 Ländern – mehr als die Hälfte waren Bischöfe und Kardinäle – nahmen daran teil. Vertreter des Internationalen Diakonatskreises hatten die Gunst der Stunde genutzt und die Konferenz organisiert. Noch vor Beginn der Audienz wurde Papst Paul VI. über den Kongress und die Gründung des Internationalen Diakonatszentrums informiert. Der Heilige Vater äußerte Zustimmung und ermutigte zur Weiterarbeit: Das Internationale Diakonatszentrum (IDZ) war geboren!

Die Bemühungen um die Wiedereinführung des eigenständigen Diakonats, die im Konzentrationslager Dachau begannen, in Karl Rahner einen theologischen Mentor fanden und in den 50er Jahren in Deutschland und Frankreich bereichert wurden, finden mit dem IDZ seither eine starke und kontinuierliche Stütze. Es fand seinen Platz zunächst beim Deutschen Caritas-Verband in Freiburg, später in Rottenburg-Stuttgart / Deutschland. Getreu dem vom Heiligen Vater erhaltenen Auftrag engagieren sich seit über 50 Jahren Bischöfe, Diakone und Priester, Frauen und Männer aus aller Welt im IDZ. Zurzeit hat das Zentrum Mitglieder in über 50 Ländern der Erde, zum ersten Mal mit Diakon Gerald DuPont einen Präsidenten aus den USA.

Schon zur Konferenz 1965 lagen aus allen Regionen der Welt Berichte vor, die über die Chancen und Hoffnungen auf ein Diakonenamt Auskunft gaben. Sie sind in der ersten Ausgabe der Zeitschrift Diaconia Christi veröffentlicht worden. Die Zeitschrift erscheint seither zweimal im Jahr. Der ersten Konferenz folgten weitere internationale Studienkonferenzen, die letzte fand in Lourdes statt.

Schon 1968 bereitete das IDZ zusammen mit CELAM (Anm.: Lateinamerikanische Bischofskonferenz) die erste große Tagung zum Diakonat in San Miguel / Argentinien vor. Fünf Jahre nach der Gründung des IDZ war die Statistik allerdings nicht so ermutigend wie zu Beginn erhofft: Es gibt inzwischen 97 Diakone, davon in Algerien 2, Belgien 9, Brasilien 13, Chile 9, Deutschland 45, Frankreich 5, Indien 2, Indonesien 1, Kamerun 8, Paraguay 1 und Südafrika 2.

1970 wurde vom IDZ eine Umfrage an Verantwortliche der afrikanischen Bischofskonferenz gerichtet: Besteht unter den Kirchen Afrikas ein Platz für den Diakonat? In den Jahren um 1970 bot das Zentrum vielen Bischofskonferenzen seine Unterstützung an (CELAM, Brasilien, Chile, Kolumbien, Argentinien, Kanada, USA, Italien, Frankreich, Kamerun, Afrika, Schweiz). Weitere Tagungen folgten, Ausbildungskonzepte wurden entwickelt, Diakone aus aller Welt miteinander vernetzt.

Papst Franziskus würdigte das langjährige Engagement des IDZ bei einer Audienz anlässlich des 50-jährigen Jubiläums des Zentrums. Er sprach vom Diakon als dem Gesicht der Kirche im Alltag der Menschen.

Die ermutigenden Worte von Papst Paul VI. und Franziskus weisen dem IDZ den Weg in die Zukunft; sie formulieren den Auftrag: für den Diakonat in einer diakonischen Kirche den rechten Platz zu gestalten.

Seit seinen Anfängen dient das IDZ der Förderung des Diakonats in der katholischen Kirche. Es stärkt den Erfahrungsaustausch, fördert die theologische und pastoral-praktische Entwicklung des Diakonats und versucht, den Platz des Diakons in einer diakonischen Kirche zu beschreiben. All dies wird in Abstimmung mit den Verantwortlichen der Kirche für den Diakonat versucht (Kongregation für den Klerus, Bischofskonferenzen, Ortsbischöfe).

Mittlerweile hat das IDZ 1276 Mitglieder in 55 Ländern. In Österreich hat das IDZ 160 Mitglieder. Die Zeitschrift Diaconia Christi abonnieren 1029 Personen oder Institutionen in 55 Ländern! 184 ÖsterreicherInnen lesen die Zeitschrift in der Print- oder Onlineversion.

Seit 2002 fördert die Stiftung Diaconia Christi Internationalis solidarisches Handeln zum Wohle benachteiligter Menschen. In enger Zusammenarbeit mit dem IDZ und Diakonen vor Ort werden in der ganzen Welt Projekte unterstützt – Gesundheitsvorsorge in den Slums von Mumbai ebenso wie die Unterstützung von Suchtgefährdeten und Abhängigen in Ungarn und Deutschland, Wohnungslosenhilfe in Brasilien, Ausbildungsförderung in Südafrika. Theologische und sozialwissenschaftliche Lernprozesse werden initiiert. Internationale Vernetzung wird gestärkt.

Das Forschungsprojekt Pro Diakonia im deutschsprachigen Raum (Deutschland, Österreich, Schweiz, Südtirol) möchte mithilfe eines induktiven Verfahrens zur theologischen Standortbestimmung des nachkonziliaren Diakonats beitragen. Das Projekt wird von der Philosophisch-Theologischen Hochschule Sankt Georgen in Zusammenarbeit mit dem IDZ durchgeführt. Schafft die Hochschule der Jesuiten die theologischen und sozialwissenschaftlichen Voraussetzungen für die Forschungsarbeit, so bietet das IDZ Verbindungen zu Diakonen und Verantwortlichen in Deutschland und der Weltkirche sowie eine Plattform zur forschungsbegleitenden Diskussion unter Diakonen und Fachleuten.

2012 trafen sich Vorstand und Delegierte des IDZ in der Erzdiözese Bombay; es fand u. a. eine Begegnung mit Kardinal Gracias und Diakonen der Erzdiözese Bombay statt.

2013 traf der Vorstand des IDZ in Rom den Präfekten der Kleruskongregation Beniamino Kardinal Stella und Vertreter der Kleruskongregation zu einem Austausch. Im gleichen Jahr fand in Velehrad, Tschechien, die Studienkonferenz des IDZ mit 140 TeilnehmerInnen aus 24 Ländern statt. Der bedeutende Wallfahrtsort bot dafür ein stimmiges Umfeld. Kardinal Duka feierte die Abschlussmesse in der beeindruckenden Basilika in Velehrad.

Im Jahr 2014 bot Johannesburg, Südafrika, die einmalige Gelegenheit, Verantwortliche für den Diakonat aus Hongkong und Australien einzuladen. Dort wurde ein enges Band geknüpft zwischen Diakonen aus China und Verantwortlichen für den Diakonat in Australien. Im Herbst des Jahres 2014 trafen der Vorstand und die Delegierten die Nationalkonferenz der Diakone Kubas, Bischof Domingo Oropesa und der Nuntius des Vatikans waren ebenfalls vor Ort. Das IDZ konnte allen Diakonen ein Tablet mit dem Katechismus der Katholischen Kirche und der Bibel überreichen.

Im Jahr 2015 war Houston, Texas, der Ort, an dem der Vorstand mit US-Verantwortlichen über gemeinsame Forschungsprojekte diskutiert hat. Die Bande zwischen Diakonatsverantwortlichen aus den USA und dem IDZ wurden erneuert und trugen dazu bei, dass Diakon Gerald DuPont aus Houston mittlerweile Präsident des IDZ ist.

Im März 2020 veranstaltet das IDZ ein internationales Symposium zur Theologie des Diakonats in Stuttgart / Deutschland. Diakone und ihre Ehefrauen, Verantwortliche für den Diakonat aus aller Welt sind eingeladen, um die Theologie des Diakonats zu diskutieren und die Zukunft des Amtes in einer diakonischen Kirche zu bedenken.

Im September 2021 schließlich sind alle Diakone und Ehefrauen nach Barcelona eingeladen. Der Abschlussgottesdienst wird dann in der Kirche Sagrada Familia stattfinden.[55]

55 Stefan Sander, Geschäftsführer des IDZ, per Email vom 15. Mai 2019

3. DER ANFANG DES DIAKONATS IN ÖSTERREICH

Vom am Konzil wesentlich mitwirkenden Theologen Yves Congar stammt die Aussage, dass man den „Mut zum Experiment“ haben müsse, „auch wenn die theologische und praktische Theologie des Diakonates noch weithin offen und problemgeladen ist. Erst durch das Experiment selbst wird sich die Gestalt des künftigen Diakonates allmählich klarer herausbilden.“[56]

In der Erzdiözese Wien gaben besonders Pastoralamtsleiter Prälat Karl Rudolf und Pfarrer Hermann Hesse bereits früh mutige Anstöße für ein „Weihediakonat“. In der Zeitschrift „Der Seelsorger“ gibt Prälat Rudolf schon 1956 eine weitsichtige, prophetische Vision vom Ständigen Diakonat. Unter dem Titel „Geschult, geformt, geweiht“ schrieb Prälat Rudolf damals:

> „Wir können dem Priestermangel nicht über Nacht abhelfen, aber fast über Nacht wären Laien bereit und fähig, als geweihte Diakone an die Seite des Priesters [sic] zu treten, um ihnen wirksam zu helfen. (...) Ein anderes: das erfreulicherweise neu erwachende Gemeindebewusstsein unter den gläubigen Christen erfordert eine stärkere organisatorische Durchgliederung der Gemeinden. Die ein, zwei, drei Pfarrseelsorger können unmöglich die zwei-, fünf-, zehn- oder mehrtausend Gläubigen als Gemeinde tragen. Laienhelfer allein genügen hier nicht. Wie wäre das, wenn um jeden Pfarrhof fünf oder auch mehr geweihte Diakone in jedem Sprengel säßen und diesen nach gutem Plan mitbetreuten?“[57]

---

56 Yves Congar, zitiert in: Franz Xaver Arnold et al. (Hg.), Handbuch der Pastoraltheologie, Band IV, Freiburg 1964, 413

57 Karl Rudolf, Vorwort des Herausgebers. Sonderheft „Der Seelsorger“, Wien, Dezember 1956. Zit. in: Werner Kunzenmann, Der Ständige Diakonat in Österreich. Diplomarbeit, Innsbruck 1984, 14, Fußnote 7

3.1 Einheitliche Vorgangsweise

Als die Wiedereinführung des Ständigen Diakonats von den Konzilsvätern beschlossen wurde, waren die Vorstellungen von diesem neuen Dienstamt sehr vage. Die in der Zeit danach geweihten bewährten Männer füllten diese Vorstellung mit Leben. Jeder von ihnen prägte den diakonalen Dienst auf seine Weise. In den Diözesen Österreichs entwickelte sich ein vielfältiges Bild vom Diakon, das sich im Unterschied zu Deutschland mehr auf den Diakon im Zilvilberuf und somit mehr auf den „ehrenamtlichen Diakon" hin entfaltete.

Die Aussagen des Konzils und nachkonziliarer Dokumente zum Ständigen Diakonat dürfen nicht als ein für alle Mal festgeschrieben verstanden werden, sie müssen weiterentwickelt werden. Eine erste Rahmenordnung der Österreichischen Bischofskonferenz aus dem Jahr 1988 ist schon eine solche Weiterentwicklung, wenn festgehalten wird, dass die Diakonie, zu der die gesamte Kirche verpflichtet ist, im Amt des Diakons „sakramental-zeichenhaft" verdeutlicht bzw. verkörpert wird. Das heißt nicht, dass der Diakon arbeitsteilig für die Diakonie zuständig ist und die Diakonie der Kirche mit dem Diakon steht und fällt. Die Rahmenordnung hält auch fest: „Der Ständige Diakon ist kein Ersatz für fehlende Priester, wenn ihm auch in Notsituationen an der Seite des Bischofs oder Priesters bestimmte Aufgaben der Gemeindeleitung übertragen werden."[58]

Um eine österreichweit einheitliche Vorgangsweise bemühte sich die Österreichische Bischofskonferenz vom 16. bis 18. März 1970, indem sie einen Plan zur Erneuerung des Ständigen Diakonats in Österreich beschloss. Dort wurden wesentliche Elemente der Zulassung und Ausbildung festgelegt:

> „Die Überlegungen zur Erneuerung des Ständigen Diakonats gehen von den Grundsätzen aus, wie sie im Motu Proprio Pauls VI. dargelegt sind. Dabei muss festgehalten werden, dass der Diakonat nicht nur als Ersatzeinrichtung für die fehlenden Priester gesehen werden darf, sondern in seiner eigentlichen Bedeutung: Als vollere Ausprägung des kirchlichen Amtes auf Grund der apostolischen Überlieferung; als sakramental-zeichenhafte Darstellung der für die gesamte Kirche so wesenhaften Ver-

58 Der Ständige Diakonat. Rahmenordnung der österreichischen Diözesen, Handreichungen zur Pastoral Nr. 14, 1988, 5

pflichtung zur ‚Diakonia', als engere und dauernde Bindung an die Kirche und den Bischof durch die aus der Weihe sich ergebende Teilnahme am priesterlichen Amt Christi und am Dienstamt der Kirche; in der sakramentalen Weihegnade, die dazu beiträgt, den Dienst der Diakone, der vielfach auch ohne Weihe ausgeübt werden kann, wirksamer zu erfüllen."[59]

3.2 Österreichweite Regelung der Ausbildung

Die Kathpress berichtet im Jahr 1967:

> „Zur Wiedereinführung des Ständigen Diakonats in Österreich, die von der Bischofskonferenz im Prinzip schon vor längerer Zeit beschlossen worden war, berichtet Kardinal König, dass Rom nunmehr einem entsprechenden Ansuchen der Bischofskonferenz stattgegeben habe. In den meisten österreichischen Diözesen werde bereits an der Verwirklichung dieser Wiedereinführung gearbeitet."[60]

Die Bischofskonferenz hält dazu fest:

> „Für alle ist die Mitwirkung im liturgisch-sakramentalen Leben der Kirche, einschließlich der zum sakramentalen Vollzug gehörenden Verkündigung, selbstverständlich. Manche werden die entsprechenden Voraussetzungen in der vollen Wortverkündigung besitzen und eingesetzt werden. Andere in sozial-karitativen Diensten oder anderen Tätigkeiten zum Aufbau der Gemeinde, oder in der Leitung der Gemeinde (Leiter einer Teilgemeinde), oder in Verwaltungsaufgaben. Diese Tätigkeiten können sowohl im pfarrlichen Bereich als auch in Dekanat, Region oder Diözese geleistet werden. Sie werden von den einen neben ihrem zivilen Beruf, von anderen hauptamtlich ausgeübt werden."[61]

---

59 Plan zur Erneuerung des Ständigen Diakonats, beschlossen von der Österreichischen Bischofskonferenz (16. bis 18. März 1970). Zitiert in: Kunzenmann, Der Ständige Diakonat in Österreich, 20

60 Kathpress, 26. Juni 1967

61 Kunzenmann, Der Ständige Diakonat in Österreich, 20–21

Als Voraussetzungen für die Zulassung zum Diakonat fordert die Bischofskonferenz: Erstens eine fundierte und geprüfte Überzeugung von der Echtheit der Berufung. Zweitens physische und psychische Gesundheit. Menschliche Reife, soziale Einstellung, entsprechende Intelligenz, aber nicht unbedingt Abschluss einer höheren Schulbildung. Drittens eine gelebte Gläubigkeit und gesunde Religiosität. Apostolische Gesinnung und Erfahrung, Bereitschaft zum diakonalen Dienst in dauernder Bindung an Kirche und Bischof. Viertens die Bewährung im bisherigen Beruf. Bei nebenberuflicher Diakonentätigkeit ein entsprechendes Maß an zeitlicher Verfügbarkeit. Fünftens bei verheirateten Kandidaten das erforderliche Mindestalter und die Bewährung in Ehe und Familie. Sechstens Ansehen in der Gemeinde, aus der sie kommen, und die Bereitschaft der Gemeinde, sie als geweihte Diakone zu akzeptieren. Im selben Protokoll der Bischofskonferenz vom März 1970 wird ein Mindestmaß an Grundausbildung festgelegt: Sie umfasst eine spirituelle Bildung, eine theologische Bildung und eine pastorale Bildung und verweist auf die Notwendigkeit einer Spezialausbildung, die nach Tätigkeitsbereichen der Diakone verschieden ist. Erst nach den erbrachten Voraussetzungen kann der Bischof dem Kandidaten die missio canonica erteilen.[62]

3.3 Einführung des Diakonats in Österreich

Mit der Promulgation des Motu Proprio „Sacrum Diaconatus ordinem“ war in Österreich der Weg zur Umsetzung der Wiedereinführung freigegeben. Es zeigte sich aber, dass noch verschiedene Fragen wie Ausbildung, Vergütung etc. einer einvernehmlichen Lösung durch die Bischofskonferenz bedurften. Die Österreichische Bischofkonferenz hat auf ihrer Herbsttagung am 22./23. November 1966 die Wiedereinführung des Ständigen Diakonats in Österreich beschlossen. Papst Paul VI. gab hierzu 1970 seine Zustimmung. In einem Schreiben an Kardinal Dr. Franz König vom 27. August 1970 teilt die Apostolische Nuntiatur mit, dass der Heilige Vater den vorgelegten Plan zur Erneuerung des Ständigen Diakonates in Österreich gebilligt und die Erlaubnis zur Verwirklichung erteilt hat. Diese Nachricht wurde danach im Wiener Diözesanblatt veröffentlicht:

---

62 Vgl. ebd., 21–22

> „Neben Wien haben sich die Ordinarien von Graz und Innsbruck in besonderer Weise kreativ mit der Vorbereitung der Einführung des Ständigen Diakonates beschäftigt. Der neue Stand der Ständigen Diakone stellte zweifellos eine Herausforderung für alle beteiligten kirchlichen Stellen dar – es wurde völliges Neuland betreten. Aus den Diözesanberichten geht hervor, dass es bereits vor dem Konzil einzelne Initiativen (in Vorarlberg, aber auch rund um Klosterneuburg) für die Einführung eines ‚Laiendiakonates' gab. Ähnliche Gruppen gab es auch zu dieser Zeit vor dem Konzil in einigen deutschen Diözesen. Für die Auswahl geeigneter Kandidaten stellte die in den österreichischen Diözesen durch die Katholische Aktion entstandene breite Basis der Standesgliederung – in der Katholischen Männerbewegung – einen guten Mutterboden dar."[63]

Das Memorandum von 1970

In einem 1970 erstellten Memorandum[64] unter dem Titel „Der Diakonat als eigene und beständige hierarchische Stufe in Österreich" werden folgende Überlegungen angestellt und beantwortet:

> „Die Einführung des selbstständigen Diakonats in Österreich ist angebracht. Der kirchliche Standort des Diakonats ist durch die Diakonatsweihe bestimmt."[65]
> Zur Frage „Wann und wie könnte der Diakonat in Österreich eingeführt werden?" wird festgehalten: „Da die angeführten Gründe immer drängender werden, dürfte keine Zeit verloren gehen und müssten die notwendigen Vorarbeiten sofort eingeleitet werden." Als notwendige Vorarbeiten werden genannt: „Auswahl der Stellen, die mit Diakonen zu besetzen sind; Auswahl der Personen, die als erste für den Diakonat in Frage kommen; eine rechtliche Fundierung, welche die gedeihliche Entwicklung des Standes erhoffen lässt." Weiters heißt es im Memorandum: „Grundsätze für eine rechtliche Fundierung: (...) die generellen Befugnisse wie die konkreten Berechtigungen und Verpflichtungen des Einzelnen sind klar zu regeln; (...) eine leistungs- und familiengerechte Besoldung; (...) das Gehorsamsverhältnis zum Bischof sowie das Verhältnis

---

63 Erneuerung des Ständigen Diakonates, Wiener Diözesanblatt, Nr. 10, 1. Oktober 1970
64 Laut Kunzenmann ist weder der Verfasser noch das genaue Datum bekannt.
65 Kunzenmann, Der Ständige Diakonat in Österreich, 17

zu den anderen geistlichen Vorgesetzten" sind klar zu regeln. Und letztlich müssten „manche für den Klerus geltenden Bestimmungen ... dem selbstständigen Diakonat angepasst werden. (...) Bei allen diesen Punkten wäre zu berücksichtigen, dass der Diakon ein Vollmitglied des Klerus ist, dass aber durch den Wegfall der Zölibatsverpflichtung, durch familiäre Pflichten und die geringe Absonderung von der Welt doch starke Abweichungen von den jetzt geltenden Bestimmungen notwendig sind."[66]

Die Präambel der ersten Österreichischen Rahmenordnung bestätigt den Beschluss der Bischofskonferenz zur Wiedereinführung des Ständigen Diakonats in Österreich:

„Schon in der frühen Kirche gab es die dreifache Ausformung des kirchlichen Amtes (Diakonat, Presbyterat, Episkopat). Nachdem in der lateinischen Kirche der Diakonat durch lange Zeit nur als Vorstufe zum Presbyterat gespendet wurde, hat ihn das Zweite Vatikanische Konzil 1964 als eigenständiges, sakramental übertragenes Amt erneuert (LG 29). Die Österreichische Bischofskonferenz hat auf ihrer Herbstkonferenz 1966 (22./23. November) die Wiedereinführung des Ständigen Diakonates beschlossen; Papst Paul VI. gab hierzu 1970 seine Zustimmung."[67]

Die offenen Fragen betreffend Kirchenrecht wurden dann von Paul VI. im Motu Proprio „Ad pascendum populum Dei" geklärt, das am 15. August 1972 mit Wirkung vom 1. Januar 1973 veröffentlicht wurde. Es enthält ergänzende Normen für den Ständigen Diakonat, wie Aufnahmebedingungen, liturgischer Aufnahmeritus, Stundengebet, etc.

Im Protokoll der Frühjahrskonferenz der österreichischen Bischöfe 1971 findet sich folgende Festlegung für Österreich:

„A) Die Bischofskonferenz beschließt, sich intensiv um eine möglichst gute Verwirklichung des Ständigen Diakonats zu bemühen und durch geeignete Maßnahmen in der gesamten kirchlichen Öffentlichkeit das Verständnis und die Bereitschaft zum Diakonat zu fördern. Dazu ist es

---

66 Vgl. Kunzenmann, Der Ständige Diakonat in Österreich, 19

67 Der Ständige Diakonat. Rahmenordnung der Österreichischen Diözesen. Präambel, Handreichung zur Pastoral, Nr. 14, Wien 1988, 4

notwendig, dass die Diözesen für die verschiedenen Ebenen die Möglichkeiten für den Einsatz haupt- und nebenamtlicher Diakone prüfen.
B) Der Arbeitskreis Diakonat des Österreichischen Pastoralinstituts wird beauftragt, in Zusammenarbeit mit der bischöflichen Kommission und den diözesanen Referenten das Anliegen der Information wahrzunehmen.
C) Die Bischofskommission wird beauftragt, gemeinsam mit dem Österreichischen Pastoralinstitut den Ausbildungsplan und die Kriterien zur Zulassung zu erarbeiten."[68]

Zwei weitere Fragen um den Diakonat sind von der Bischofskonferenz zu klären. Die eine ist der Einsatz des Diakons als Gemeindeleiter. Hier wurde damals von der Bischofskonferenz festgehalten, dass „Gemeindeleiter im engeren Sinn nur ein Priester sein kann, da die Eucharistiefeier für die Gemeinde konstituierend ist".[69] Ein weiterer Beschluss lautet: „Die Diakonenweihe soll nach dem Erreichen des 55. Lebensjahres nicht mehr erteilt werden" und „bezüglich der Möglichkeit der Wiederverheiratung von Diakonen und der Herabsetzung der unteren Altersgrenze soll eine Eingabe nach Rom gemacht werden".[70]

Im Zwischenbericht des Sekretärs der Bischofskonferenz Josef Heuberger im April 1972 an die in den Diözesen für die Diakone zuständigen Referenten wird als Grund für die Einführung des Ständigen Diakonats in allen Diözesen angeführt: „Der Aufbau der Kirche in der gegenwärtigen Situation (Säkularisierung, Beanspruchung der Menschen, Vermassung) ist derart schwierig, dass alle Kräfte, die zur Verfügung stehen, ausgenützt werden müssen. Wenn geeignete Männer da sind und die sakramentalen Gnaden angeboten werden, sollen sie in dieser Situation auch nicht ungenützt bleiben." Als zweiter Grund für die Einführung des Diakonats in allen Diözesen wird der „Ruf nach Spezialisierung in den priesterlichen Diensten (z. B. Unterricht in den verschiedenen Schulen, Krankenhausseelsorge, Verwaltung)" genannt. Sie könnte durch Diakone mit entsprechender Ausbildung erreicht werden. Ein dritter Grund ist der „Priestermangel", der sich „in allen Diözesen geltend" macht. Viertens: „Die Diakone bilden das ‚Fundament' der

68 Protokoll der Österreichischen Bischofskonferenz, Frühjahrskonferenz 1971, zitiert in: Kunzenmann, Der Ständige Diakonat in Österreich, 22–23
69 Protokoll der a. o. Konferenz der österreichischen Bischöfe, Januar 1972, Salzburg, zitiert ebd., 24
70 Protokoll der Österreichischen Bischofskonferenz, Wien, März 1972, zitiert ebd., 25

hierarchischen Ordnung. (…) Sie sind ein Zeichen, dass in der Kirche Amt Dienst ist. Im Volk bedarf es dieses Umdenkens.“[71]

Die Bischofskonferenz soll in Zusammenarbeit mit dem Pastoralinstitut den Ausbildungsplan und die Kriterien der Zulassung erstellen, in der die Lebensführung und die Spiritualität besonders zu berücksichtigen sind. Das Motu Proprio „Sacrum Diaconatus ordinem“ von 1967 zählt die Funktionen auf, die der Ortsbischof gemäß den Konzilsbeschlüssen den Diakonen übertragen kann: Demnach steht es dem Diakon nach Beauftragung durch den Ortsordinarius zu,

1) während der liturgischen Handlungen dem Bischof und Priester entsprechend den geltenden Vorschriften zu assistieren,
2) feierlich die Taufe zu spenden,
3) die Eucharistie aufzubewahren, sich selbst und anderen zu spenden, als Wegzehrung zu Kranken zu bringen und dem Volk den eucharistischen Segen zu spenden,
4) Trauungen zu assistieren und die Brautleute im Namen der Kirche zu segnen, und zwar im Auftrag des Bischofs oder des Pfarrers, wenn kein Priester zur Verfügung steht, und entsprechend den geltenden Normen des Kirchenrechts,
5) die Sakramentalien zu spenden und dem Begräbnisritus vorzustehen,
6) den Gläubigen die Heilige Schrift vorzulesen und sie zu unterweisen,
7) Gottesdienste und Gebete zu leiten, bei denen kein Priester gegenwärtig ist,
8) Wortgottesdienste zu leiten, insbesondere dann, wenn kein Priester da ist, und
9) im Namen der Hierarchie die Verpflichtungen der Caritas zu erfüllen und Sozialarbeit zu leisten.[72]

In diesem Schreiben ist auch eine Ausbildungszeit von mindestens drei Jahren, verbunden mit einem Praktikum, festgelegt.

---

71 Josef Heuberger, Zwischenbericht des Diakonatskreises der Bischofskonferenz (Diakonatskommission), Graz 1972, zitiert ebd., 25

72 Vgl. Paul VI., Sacrum Diaconatus ordinem, V. 22

3.4 Interdiözesane Kommission für den Ständigen Diakonat – erste Rahmenordnung 1988

Am 1. Oktober 1980 kommt es zur Bildung der Kommission für den Ständigen Diakonat bei der Österreichischen Bischofskonferenz mit den Bischöfen Alois Wagner, Johann Weber und Florian Kuntner, den Diözesanreferenten Franz Führer, Josef Gölles, Hermann Nagele und den Diakonen Johannes Müller und Ludwig Wuchse. In der anschließend von diesem österreichweiten Gremium unter der Leitung von Weihbischof Florian Kuntner erstellten Österreichischen Rahmenordnung wird in der Präambel festgehalten:

> „Das Amt des Diakons macht sakramental-zeichenhaft deutlich, dass nicht nur das kirchliche Amt insgesamt diakonia, d. h. Nachfolge und Vergegenwärtigung Jesu bedeutet, der gekommen ist, nicht um sich bedienen zu lassen, sondern um zu dienen (Mk 9,45), sondern dass das ganze Volk Gottes zur Diakonie, zum brüderlichen Dienst in der Kirche und an der Gemeinschaft verpflichtet ist. Spezifische Aufgabe des Diakons ist es darum, die Gemeinde tiefer in den Geist des brüderlichen Dienstes einzuführen, ihn lebendig zu machen und zu halten, die je notwendigen Dienste der Gemeinde anzuregen, zu leiten, Mitarbeiter hiefür auszubilden und auf je neue Nöte der Menschen hinzuweisen. Der Ständige Diakon ist kein Ersatz für fehlende Priester, wenn ihm auch in Notsituationen an der Seite eines Bischofs oder Priesters bestimmte Aufgaben der Gemeindeleitung übertragen werden können. Das Amt des Diakons bedarf noch weiterer Überlegungen. Die österreichischen Bischöfe ermutigen die Diakone Österreichs, den begonnenen Weg fortzusetzen, und wollen gemeinsam mit ihnen nach Lösungen suchen, wie das Amt am besten verwirklicht werden kann. (Erklärung der Österreichischen Bischofskonferenz, Frühjahr 1984).“[73]

In der Bischofskonferenz wurde Weihbischof Florian Kuntner als erster Referatsbischof für den Ständigen Diakonat bestellt. Unter seiner Leitung wurde die erste Fassung der Österreichischen Rahmenordnung erstellt, mit einer Ausbildungsordnung für die Ständigen Diakone, die auch als Grundlage für Ausbildung und Einsatz der Ständigen Diakone in den österreichischen Diözesen angenommen wurde.

---

73 Der Ständige Diakonat. Rahmenordnung, 1988, 4–5

Im Vorwort zur ersten Rahmenordnung von 1988 schreibt Weihbischof Florian Kuntner:

> „Das kirchliche Gesetz verpflichtet die Bischofskonferenz, eine Rahmenordnung für die Ständigen Diakone zu erlassen. Nach eingehenden Beratungen und Einholung von Stellungnahmen aus den einzelnen Diözesen kann nun – nach Zustimmung der zuständigen Stellen in Rom – die von der Österreichischen Bischofskonferenz approbierte Ordnung vorgelegt werden. Was Aufnahme, Auswahl, Ausbildung und Einsatz der Kandidaten und Diakone betrifft, sind vielfach Erfahrungen der letzten Jahre verwertet worden. Dabei wurde aber auch bewusst, dass manches noch einer längeren Erfahrung und einer gründlicheren Reflexion bedarf. Möge die vorliegende Ordnung für jene, die für die Ständigen Diakone in den einzelnen Diözesen verantwortlich sind, eine Hilfe sein, damit dem Volk Gottes durch den Dienst der Ständigen Diakone in einer neuen Weise gedient werde.“[74]

3.5 Neufassung der Österreichischen Rahmenordnung 2010

Seit 1988 haben sich der Ständige Diakonat und die dazugehörige Ausbildung in Österreich wesentlich weiterentwickelt. Von Rom wurde ein „Direktorium für den Dienst und das Leben der Ständigen Diakone“ sowie die Grundnormen für die Ausbildung der Ständigen Diakone im Jahr 1998 veröffentlicht.[75]

Somit war eine Neufassung der österreichischen Rahmenordnung notwendig. Diese Neufassung, die von Rom am 20. Februar 2010 bestätigt wurde, bietet eine wichtige inhaltliche Grundlage für den Dienst und die Weiterentwicklung des Diakonats in Österreich. Sie erstellt Richtlinien für die Ausbildung, Fortbildung, Begleitung und das theologische Verständnis. Damit kam ein langer Weg des Ringens, Überlegens, der Auswertung der Erfahrungen und des Austausches zwischen den Diözesanzuständigen zu seinem Abschluss.

Im Vergleich zur ersten Rahmenordnung wird in der neuen Rahmenordnung eine Neupositionierung deutlich:

74 Florian Kuntner, Vorwort. In: Der Ständige Diakonat. Rahmenordnung, 1988, 3
75 Kongregation für den Klerus, Grundnormen, 1998

> „Der Ständige Diakonat soll die besondere Hinwendung der Kirche zur Welt und zu den Menschen sakramental verankern und bezeugen. Durch das Verkünden, Feiern und Tun der Diakone wird die Kirche in ihrem Heilsdienst gegenüber den Alten und Kranken, den Verfolgten, den Armen und den Menschen am Rand der Gesellschaft angeleitet. Als ‚Anwalt der Armen' unmittelbar dem Bischof als Helfer zugeordnet, nimmt der Diakon daher eine unersetzbare Aufgabe in der Kirche wahr. Nach dem Vorbild des dienenden Christus (vgl. Mk 10,45), der selbst sein Wirken als ‚Diakonie' bezeichnet und die Jünger zu eben diesem Dienst herausfordert (vgl. Joh 13,14f und Lk 12,37), findet der Diakon seine Orientierung. So haben die Diakone an der Sendung und der Gnade Christi auf besondere Weise teil (KKK 1570, vgl. Mk 10,45). In der Person des Diakons wird die dem kirchlichen Ordo insgesamt eigene diakonale Dimension in besonderer Weise repräsentiert, d. h. der Knechtsdienst Jesu Christi in der Kirche sakramental dargestellt. Gemäß der Spiritualität des Dienens soll der Diakon ein lebendiges Abbild Christi als des Dieners der Menschen sein."[76]

Die Form des Dienstes wird in der Rahmenordnung weiter spezifiziert und gegenüber den Diensten der Laien und auch der Priester positioniert:

> „Der Dienst des Diakons wird sich nicht in der einfachen sozialen Dienstleistung erschöpfen. Aufgrund des Weihesakramentes ist der Diakon, wenn auch in spezieller Weise, an den gleichen pastoralen Aufgaben wie der Bischof mit dem Presbyterium beteiligt. Durch seinen Dienst in der kirchlichen Verkündigung, in der Feier der Liturgie und beim Aufbau der Gemeinden sollen die Grundfunktionen der Kirche diakonisch geprägt werden."[77]

76 Österreichische Bischofskonferenz (Hg.), Der Ständige Diakonat. Rahmenordnung für den Ständigen Diakonat mit Aus- und Weiterbildungsordnung, Wien 2010, Kap. 1

77 Ebd., Kap. 1

3.6 Wiedereinführung des Ständigen Diakonats in den einzelnen österreichischen Diözesen

Diözese Feldkirch

Kurz nachdem Rom der Österreichischen Bischofskonferenz „grünes Licht" für die Weihe Ständiger Diakone gegeben hatte, erteilte der Bischof von Vorarlberg Msgr. Bruno Wechner dem unverheirateten 34-jährigen Walter Bertel am 21. Dezember 1969 die Diakonenweihe. Bertel war seit vielen Jahren im Dornbirner katholischen „Haus der jungen Arbeiter" tätig, in dem in Vorarlberg arbeitende Burschen aus anderen Bundesländern und dem Ausland lebten. Er unterrichtete auch als Religionslehrer in der Volksschule. In den Jahren vor der Weihe hatte der neue Ständige Diakon eine theologische Ausbildung absolviert und in verschiedensten Bereichen der Dornbirner Pfarre St. Christoph mitgewirkt.[78] Nach der Weihe sollte Diakon Bertel weiterhin in St. Christoph mitarbeiten. In einem Brief vom Februar 2019 bestätigt mir mein Mitbruder Werner Scheffknecht, der 2019 sein 45. Weihejubiläum gefeiert hat, dass Bertel als erster Ständiger Diakon in Österreich gesehen werden kann, obwohl er einige Zeit später zum Diözesanpriester der Diözese geweiht wurde.

Derzeit sind in der Diözese Feldkirch 22 Ständige Diakone tätig, sieben Ständige Diakone sind seit der ersten Weihe bereits verstorben.

Diözese Innsbruck

Nach der ersten Weihe eines Vorarlbergers gab es im Herbst 1970 in Innsbruck eine weitere Diakonenweihe. Berichtet wird von der Weihe des pensionierten Volkschuldirektors Heinrich Schnitzler, des ledigen Katecheten Burkhard Eller und des verheirateten akademischen Malers Ing. Karl Schafferer. Am 15. Dezember 1971 wurden in der Diözese Innsbruck drei weitere verheiratete Männer zu Diakonen geweiht. Einer der Diakone, der 40-jährige Josef Hatzer, Vater von drei Kindern, wurde in der Osttiroler Pfarre Virgen – als Ersatz für den Kaplan – hauptamtlich eingesetzt. Der Sonderschullehrer Josef Klocker, 37 Jahre alt und Vater von zwei Kindern, arbeitete nebenberuflich beim Aufbau der neuen Seelsorgestelle Vomperbach mit. Verlagsleiter Dr. Werner Kunzenmann war der Dritte im Bunde, 51 Jahre alt und Vater von sieben Kindern. Er wird in Innsbruck nebenberuflich als Diakon tätig sein.[79]

---

78 Vgl. Kathpress, 22. Dezember 1969

79 Kathpress, 15. Dezember 1971

In der Diözese Innsbruck gibt es derzeit 67 Diakone. 21 Diakone sind bereits verstorben. Sehr gut funktionieren die sechs regionalen Diakonenkreise. Zuletzt wurden am 17. März 2019 sechs neue Diakone, davon zwei Ordensdiakone, geweiht. Sehr bewährt hat sich die Vertretung der Frauen durch eine Sprecherin in der Diakonatskommission.

Diözese St. Pölten

Am 4. Oktober 1970 wurden vier verheiratete Männer aus der Diözese St. Pölten von Diözesanbischof Dr. Franz Żak zu Ständigen Diakonen geweiht. Es handelte sich dabei um den 52-jährigen Landesbeamten Walter Demetler aus Horn, den 50-jährigen Kirchenbeitragsstellenleiter in Groß-Gerungs Franz Graf, den 38-jährigen Schneidermeister Johann Kräftner aus Noppendorf und Karl Stupka, 38 Jahre alt und Religionslehrer aus Melk. Von Franz Graf, der damals die Pfarre Tautendorf bei Gars am Kamp betreute, wurde berichtet, er sei „der erste Familienvater, der in diesem Land die Leitung einer Pfarre übernimmt".[80] „Er wird", wie Pia Maria Plechl in der „Presse" berichtete, „im Pfarrhof des 558 Seelen zählenden Dorfes, das der Pfarrer von Plank als Excurrendo-Provisor betreuen wird, mit seiner Frau in den Pfarrhof einziehen. Von Pathos und Romantik ist freilich im Alltag nichts zu bemerken. Und es ist gewiss nicht einfach, den Menschen im Waldviertel klarzumachen, was ein Diakon ist und welche sakramentalen Handlungen er vollziehen kann, welche Aufgaben er hat."[81] Bei Johann Kräftner finden wir die Zeitungsüberschrift „Vorbeter wird zum Diakon geweiht". Über seine Berufung in den Weinberg des Herrn berichtete er, dass er diesen Herzenswunsch schon lange hegte: „Schon als junger Mann wollte ich Priester werden, aber aus Rücksicht auf die Eltern – ich war das einzige Kind – verwehrte ich es mir. (…) Zurzeit bin ich auch in der Krankenhausseelsorge in St. Pölten tätig".[82]

Die in den Medienberichten zu findenden Überschriften sprechen für sich: „Geweihte Hand mit Ehering", „Dauernder Diakon", Diakonenstand „opportun und notwendig", „Ehemänner zu Diakonen geweiht", „Priesternot führt zu neuen Seelsorgemethoden", „Wirken des Geistes", „als Nebenberuf Diakon", „Männer von gutem Ruf, voll des Geistes" und „Weder Minipriester noch Superlaie". In St. Pölten wurden die Ständigen Diakone be-

80 Vgl. St. Pöltener Kirchenzeitung, 5. Oktober 1970
81 Pia Maria Plechl, Sie sind weder Supermesner noch Minipfarrer. In: Die Presse, November 1970
82 NÖN St. Pölten, Noppendorf, 5. Oktober 1970

sonders von Weihbischof Alois Stöger und Ausbildungsleiter Franz Schrittwieser gefördert.

In der Diözese St. Pölten leben und wirken derzeit 90 Ständige Diakone. 14 Diakone sind seit der ersten Weihe verstorben. In der Diözese gibt es einen gewählten Diakonenrat, der sich am 28. September 2018 konstituiert hat.

Erzdiözese Wien

Pioniere der Entwicklung des Diakonats in der Wiener Erzdiözese waren die Priester in den Personen von Pastoralamtsleiter Prälat Karl Rudolf und Pfarrer Hermann Hesse, die die frühen mutigen Anstöße für ein „Weihediakonat" gaben. „Der Ständige Diakon – ein Versuch, der Zukunft hat" überschrieb im Januar 1970 die „Wiener Kirchenzeitung" ihren Beitrag und berichtete von der Weihe der ersten neun Diakone in Wien. In der Wiener Zeitung vom 13. November 1970 findet sich mit der Überschrift „Weihe von Diakonen im Dom" die Mitteilung: „Erstmals in der Geschichte der Erzdiözese Wien werden am 26. Dezember 1970 – dem Festtag des Schutzheiligen der Wiener Diözese, des heiligen Stephan – neun verheiratete Männer im Stephansdom zu Diakonen geweiht."[83]

Aus Anlass der bevorstehenden Weihe Ständiger Diakone fand sich damals in der Wiener Kirchenzeitung eine vierteilige Serie von Bischofsvikar Prälat Franz Steiner über den Diakonat in der jungen Kirche. Sie versuchte die Frage zu beantworten, wozu man den Diakonat überhaupt brauche, nachdem man so viele Jahrhunderte ohne ihn ausgekommen sei. Prälat Steiner entfaltete „das eine Amt in vielerlei Diensten" und begründete die geltenden Kriterien für die bewusste Auswahl der Kandidaten als „Männer von gutem Ruf, voll Geist und Weisheit". Auf die Weihe vorbereitet wurden die Kandidaten durch die Teilnahme an einem im Jahr 1968 von Kardinal Franz König an Prälat Hesse übertragenen Diakonenkreis. Die neun Männer haben sich, wie die Kathpress vermerkte, „durch Vorlesungen von Fachtheologen, in Diskussionen sowie in liturgischen und rhetorischen Übungen einer gründlichen Ausbildung unterzogen, an deren Ende eine Prüfung vor einer eigens dazu eingesetzten Kommission unter Vorsitz von Weihbischof Dr. Karl Moser stand."[84]

83 Wiener Zeitung, 13. November 1970

84 Kathpress, 11. Dezember 1970

Die ersten neun Diakone waren: Ernst Ballner, geb. 1932, Angestellter; Josef Bendl, geb. 1911, Angestellter; Friedrich Herold, geb. 1917, Katholische Männerbewegung; Otto Kvada, geb. 1922, Religionslehrer; Marian Mautner, geb. 1909, Jurist; Dr. Otto Schinkele, geb. 1916, Facharzt; Dipl. Ing. Ludwig Stockert, geb. 1925, Ingenieur; Ing. Otto Wächter, geb. 1933, Ingenieur; Ing. Anton Wolf, geb. 1905, Kaufmann. Ein Diakon, der als Zeitzeuge der Pionierzeit des Diakonates heute noch tätig ist, steht hier stellvertretend für die vielen, die schon verstorben sind. Diakon Pius Zeßner-Spitzenberg, geb. 1925, (Interview siehe Anhang) wurde am 19. März 1972 in der Pfarre Kaasgraben von Weihbischof Jakob Weinbacher zum Diakon geweiht.

Weihbischof Florian Kuntner motivierte in seiner „Sorge um die Gemeinden" viele Männer, die bereits ein Theologiestudium absolviert hatten und über Kompetenzen in der Leitung von Gemeinschaften verfügten, zu diesem neuen Dienstamt in der Kirche. Kardinal Hans Hermann Groer schätzte die Tätigkeiten der Ständigen Diakone und wollte die Verbindung zu der dem heiligen Diakon Stephanus geweihten Domkirche. Ab da wurden alle Diakone eines Weihejahrgangs im Wiener Dom gemeinsam geweiht.

Der Wunsch von Kardinal Christoph Schönborn war es, den Diakonen in der Ausbildung und im Wirken weitgehende Selbstverwaltung einzuräumen. So wurden 1998 der Diakonenrat und das Diakoneninstitut mit diözesanem Dekret errichtet. War bis dahin die Ausbildung in den Händen von Priestern, so wurde nun einem Diakon die Verantwortung für die Ausbildung der Kandidaten übertragen. Es wurde ein Diakonenrat mit sieben Mitgliedern eingerichtet und das Diakoneninstitut geschaffen, das unter der Autorität des Bischofs die laufenden Agenden für die spirituellen und personellen Aufgaben der Diakone regelt und wahrnimmt. Dem Diakonenrat gehören ein Spiritual und eine Frauenvertreterin an.

In der Erzdiözese Wien wirken zurzeit 216 Ständige Diakone. Seit der ersten Weihe sind 71 Mitbrüder verstorben.

Diözese Graz-Seckau

Die ersten fünf Diakone der Diözese wurden im Jahr 1975 geweiht: Franz Klampfer, Ludwig Wuchse, Friedrich Neger, Franz Drumbl, Gottfried Aschenbrenner. Weitere zwei Diakone wurden im Jahr 1977 geweiht, zwei Diakone 1979 (davon ein Ordensmann) und im Jahr 1980 drei Ständige Diakone.

In der Diözese Graz-Seckau wirken derzeit 74 Ständige Diakone, von denen 25 (als Pastoralassistenten angestellt) hauptamtlich in der Kirche tätig sind. Seit der ersten Weihe sind acht Diakone verstorben. Neun Kandidaten bereiten sich für die Weihe im Jahr 2020 vor.

Diözese Linz

In der Diözese Linz wurde der Ständige Diakonat im Jahr 1972 eingeführt Unter der Überschrift „Erstmals in Österreich – Ordensleute werden Ständige Diakone“ berichtete die Kathpress am 22. März 1972, dass der Diözesanbischof von Linz Dr. Franz Zauner im Stift Kremsmünster zwei Benediktinerbrüder zu Ständigen Diakonen weihte. Es waren dies der 50-jährige Frater Berthold Blumenschein und der 62-jährige Frater Johannes Risbek. Frater Berthold wirkte in Kremsmünster und Frater Johannes im Priorat Mariazell in verschiedenen Funktionen.[85]

Im Jahr 1974 wurden ein verheirateter Mann und ein weiterer Ordensmann zu Ständigen Diakonen geweiht. Im Jahr 1979 wurden zwei und im Jahr 1983 drei neue Diakone auf die Diözese Linz geweiht.

In der Diözese Linz wirken derzeit 125 Ständige Diakone in der Pastoral aktiv mit. Seit der ersten Weihe sind sechs Ständige Diakone verstorben. Erwähnenswert ist, dass für die Ausbildungsleitung der neuen Diakone ein Diakonenehepaar vom Bischof bestellt wurde.

Erzdiözese Salzburg

1972 wurde in der Erzdiözese Salzburg der erste Ständige Diakon geweiht, ein weiterer Ständiger Diakon im Jahr 1978 und drei Ständige Diakone im Jahr 1983. Die Kathpress berichtete am 13. Februar 1972 über die Weihe des ersten Ständigen Diakons in Salzburg. Es war der ehemalige Direktor der Bauwirtschaft Johann Kurzweil. Elf Jahre hindurch unterrichtete er Religion und war maßgeblich an der Errichtung der Pfarre Herrenau beteiligt. Er wurde von Erzbischof Dr. Eduard Macheiner in Salzburg zum ersten Ständigen Diakon der Erzdiözese geweiht.[86]

Während die ersten Diakone sporadisch geweiht wurden, wurde durch die Predigt von Erzbischof Karl Berg am 24. September 1981 der Ständige Diakonat offiziell in der Struktur der Erzdiözese verankert.[87]

Diejenigen, die sich heute für den Ständigen Diakonat ausbilden lassen,

85 Vgl. Kathpress, 22. März 1972

86 Vgl. Kathpress, 13. Februar 1972

87 Die Predigt, veröffentlicht im Verordnungsblatt des Ordinariats, gilt als Gründungsdokument des Ständigen Diakonats in der ED Salzburg.

bilden eine sehr heterogene Gruppe. Das bedeutet eine große Bereicherung für die Pastoral, da vom Arzt bis zum Beamten und Handwerker alle Berufsgruppen vertreten sind. Der Ausbildung geht ein einjähriges Propädeutikum voraus. Der ersten Ausbildungsgruppe gehörten die Diakone Albert Biesinger, Friedrich Reiterer und der bereits verstorbene Konrad Vogel an. Insgesamt werden die Ständigen Diakone positiv wahrgenommen. Natürlich hängt das im Einzelnen auch von der Zusammenarbeit mit dem zuständigen Pfarrer und dem Pfarrteam ab. Leider wird zu wenig wahrgenommen, dass die Diakone in den Pfarren oftmals die Stabilitatsfaktoren darstellen, da die Priester zunehmend flexibel eingesetzt werden müssen. Diakone sind mit ihren Familien sesshaft in den Gemeinden.[88]

In der Erzdiözese Salzburg sind derzeit 54 Ständige Diakone tätig. Seit der ersten Weihe sind 12 Ständige Diakone verstorben. Von den 54 Diakonen sind 29 im Zivilberuf tätig, 22 in Pension und nur drei hauptamtlich in der Kirche angestellt.

Diözese Gurk-Klagenfurt

Am 23. März 1980 wurde von Diözesanbischof Joseph Köstner der Religionslehrer Siegfried Leitner zum ersten Diakon in der Diözese Gurk-Klagenfurt geweiht. Diözesanbischof Egon Kapellari entschloss sich, auch verheiratete Männer in der Diözese zu Ständigen Diakonen zu berufen und sie ehrenamtlich einzusetzen. Im ersten Ausbildungsseminar für den Weihejahrgang 1987 wurden nur Volltheologen bzw. Kandidaten, die bereits die Missio canonica hatten, zugelassen. So wurden am 4. Oktober 1987 im Dom von Klagenfurt von Diözesanbischof Egon Kapellari acht Männer zu Ständigen Diakonen geweiht: Martin Bliem, Dietmar Vinzenz Böete, Siegfried Muhrer, Hermann Kelich, Ludwig Trojan, Josef Lagler, Peter Kaufmann und Vinzenz Gotthardt. „Ab dem zweiten Ausbildungskurs wurde der Zugang zum Diakonat – wie von Anfang an vorgesehen – erweitert, auch für Kandidaten, die nicht Theologen oder Religionslehrer bzw. im hauptamtlichen kirchlichen Dienst tätig waren. Zugleich vollzog sich – bestärkt durch die Vorgaben von Diözesanbischof Dr. Alois Schwarz, der zugleich Referatsbischof für den Ständigen Diakonat war – ein Wandel im Schwerpunkt des Selbstverständnisses, hin zum Diakon, der primär für die Nöte der Menschen da ist, je nach seinen Talenten und den konkreten Erfordernissen vor Ort.

88 Gerhard Viehauser, per Email

Derzeit leben und wirken 65 Ständige Diakone in der Diözese Gurk-Klagenfurt, inklusive Ordensdiakone. Vier sind seit der ersten Weihe bereits verstorben. Sechs Diakone sind in hauptamtlicher Anstellung, 32 in Pension und 27 im Zivilberuf tätig.

Diözese Eisenstadt

Als erster Ständiger Diakon wurde Richard Müllner, im Bundesheer tätig, von Bischof Laszlo 1980 zum Diakon auf die Diözese Eisenstadt geweiht. Er ist in der Pfarre Illmitz tätig. Die Ausbildung für die Diakone wurde der Erzdiözese Wien übertragen. Ein Programm der Weiterbildung in der Diözese Eisenstadt wurde im Rahmen der Statuten erarbeitet. Der Diakonensprecher nimmt auch an den für Priester veranstalteten theologischen und pastoralen Tagungen teil. Die Diakone leisten ihren Einsatz ehrenamtlich, die allermeisten unentgeltlich. Die Auswahl, Ausbildung (gemeinsam mit Wien) und der Einsatz der Diakone erfolgt nach den 2017 verabschiedeten diözesanen Statuten.

In der Diözese Eisenstadt wirken derzeit 28 Ständige Diakone – alle ehrenamtlich. Ein Diakon ist bereits verstorben.

Militärdiözese

Der erste als Militärdiakon zugeteilte Diakon war Werner Kunzenmann. Er berichtet über die Chancen eines Diakons beim Militär: „Die Einführung des nebenberuflichen Ständigen Diakonates im Bundesheer scheint mir sehr segensreich. (…) Die Kirche im Heer könnte einen ganz neuen Grad pastoraler Effizienz erreichen“.[89]

In der Militärdiözese sind derzeit fünf Ständige Diakone tätig.
(Alle Zahlenangaben: Stand Mai 2019).

3.7 Diözese Bozen-Brixen – ein Blick über die Staatsgrenze

Der Start zur Einführung der Ständigen Diakone ging von Bischof Wilhelm Egger aus. Er weihte 1997 die ersten fünf Ständigen Diakone. „Entsprechend der spezifisch kulturellen Situation der Diözese … wurden zwei Gemeinschaften gebildet, die jeweils von einem eigens beauftragten Priester be-

89 Kunzenmann, Der Ständige Diakonat in Österreich, 66

gleitet werden. Die italienisch-sprachige Gemeinschaft besteht aus 13 und die deutsch-ladinisch-sprachige Gemeinschaft aus 11 Ständigen Diakonen." Ihre Wirkungsbereiche sind vielfältig. „Die Mitarbeit bei der Pfarrcaritas bezieht sich vorwiegend auf die Auseinandersetzung mit der Armut vor Ort und auf die Solidarität mit Mitmenschen in anderen Ländern. Sie umfasst kleine Hilfen bis umfassende Projekte. Hierbei steht auch die Zusammenarbeit mit anderen Vereinen und Einrichtungen im Vordergrund (wie z. B. Pfarrcaritas, Vinzenz-Verein, Katholischer Verband der Werktätigen). Mit den deutschsprachigen Diakonen wurde begonnen, eine Dienstvereinbarung auszuarbeiten, damit ihr Dienst in den Pfarrgemeinden für alle bekannt ist. … ‚Nicht im eigenen Namen, sondern als Diakone, als Diener Jesu Christi, sollt ihr zu den Menschen gehen. Ihr sollt seine Gaben im Namen der Kirche zu den Menschen tragen', unterstrich Bischof Ivo Muser bei der Diakonenweihe im Dom zu Brixen. Er wies darauf hin, dass sich der Dienst eines Diakons nicht auf den Dienst in der Liturgie beschränken darf, sondern sich im ‚Dienst an den Tischen' ausdrücken soll, d. h. im alltäglichen Dienst für und unter den Menschen".[90]

In der Diözese Bozen-Brixen wirken 24 Ständige Diakone (Stand 2016).

90 Vgl. Günther Plaikner, Zeichen einer dienenden Kirche. Ständige Diakone in der Diözese Bozen-Brixen. Einblicke und Ausblicke. In: Ruf!Zeichen, Jahrgang 18, Juni 2016, 11

4. DER „SITZ IM LEBEN“ – DER STÄNDIGE DIAKON ALS EHEMANN UND VATER

Das Sakrament der Ehe und das Weihesakrament sind Zeichen der Liebe und Zuwendung Gottes für ein authentisches Teilgeben an der Freude des Glaubens. So lädt eine diakonische Spiritualität der Teilhabe ein, Menschen nicht auszugrenzen, sondern zu integrieren, indem wir ihnen durch unser Zeugnis den Zugang zum Göttlichen, zum Mysterium des Glaubens ebnen. Es ist ein großes Geschenk der Kirche an uns Ständige Diakone, dass wir eine doppelte Sakramentalität, die der Ehe und die der Weihe, in unserem Leben verwirklichen können.

4.1 Ehesakrament und Weihesakrament

In ihrem Referat „Ehe und Diakonat – eine einzigartige und bereichernde Verbindung“ bei der Tagung zum 50-Jahr-Jubiläum des Internationalen Diakonatszentrums in Rom 2015 umschreibt die Vertreterin der Diakonen-Ehefrauen im Vorstand des IDZ, Montserrat Martinez Deschamps, die gegenseitige Unterstützung des Diakonenpaares: „Der Geist Gottes ist alle Zeit bei uns und wirkt, indem er uns Gottes Gnade und Liebe schenkt. Die Liebe Gottes erhalten wir immer umsonst und bedingungslos. Es ist nur nötig, dass wir uns öffnen und wirken lassen. Alles, was wir aus Liebe tun, ist eine Auslebung der Möglichkeiten, die das Sakrament in sich birgt. Die Eheleute sind dank der Gnade des Ehesakramentes ihrer Verpflichtung zur Liebe treu. Und dank der Gnade des Weihesakramentes sieht der Ehemann, wie sich das, was er im geistlichen Amt tut, zu Taten der Großzügigkeit und des Dienstes wandelt, die ihn zu einem Zeichen des dienenden Christus in der Kirche machen. Die Frau entscheidet sich für das Leben an der Seite ihres Mannes; ihre Liebe und ihr Engagement unterstützen mit der Gnade Gottes den Ehemann, den

Diakon, bei dem, was er tut, und sie hat auf eine Art und Weise daran Anteil, die nur Gott kennt. Was die Frau tut, die mit ihrem Mann ein Fleisch ist, hat eine Dimension des Dienstes. So macht ihr Gott mit seiner Liebe das Herz weit und macht es möglich, dass ihre Verpflichtung angesichts Gottes Liebe gegenüber ihrem Ehemann, ihren Kindern und der Kirche vielfältige Frucht trägt in der Form vollständiger Liebe und Treue. Die beiden Sakramente bringen die Gnade hervor, die die Ehe und die Kirche gleichermaßen befruchtet."[91]

4.2 Familie – erster Wirkungsort des Diakons

Es ist die Sehnsucht des Menschen, mitten im Geschehen des Lebens zu sein. Wir wollen nichts versäumen, wir wollen Erfahrungen aus erster Hand. Wir sind begierig auf Aktualität und wir fühlen uns nicht wichtig, wenn wir nicht auf dem Laufenden gehalten werden: „Dabei sein ist alles." Teilnehmen – dazugehören, eingebunden sein – setzt auch die Entscheidung voraus, Teil des Ganzen zu sein, einzutauchen in die Welt des Anderen und sich beschenken zu lassen. Damit gestehe ich ein, dass ich unvollkommen bin und die Anderen für mein Glück brauche. Wo sonst als in der Rolle als Ehepartner und Vater in der Familie erlebt der Mensch, dass er eine Beheimatung, eine Behausung für sein Leben, ein Obdach für die Seele braucht?

Weihbischof Florian Kuntner, ein wichtiger Förderer des Ständigen Diakonates in der Erzdiözese Wien, hat in seiner Predigt bei der Weihe eines Diakons auf die große Bedeutung der Familie für den Diakon hingewiesen. „Seine erste Aufgabe besteht darin, in seiner Familie das zu versuchen und zu verwirklichen, wozu er geweiht wird. Familie ist Kirche daheim, ist Kirche zu Hause. Sein ständiges diakonales Bemühen muss darin bestehen, seinen engsten ihm Anvertrauten durch Barmherzigkeit, Eifer und Bemühen um die Wahrheit des Herrn zu vermitteln, worauf es in der Kirche ankommt. Niemals darf ein von der Kirche übertragenes Amt verleiten, aus der von Gott selbst im Sakrament der Ehe übertragenen Aufgabe zu entfliehen." Zur zweiten wesentlichen Aufgabe, der Verkündigung des Evangeliums, sagt Kuntner: „Wenn wir sagen, dass der Geweihte auf eine quali-

91 Montserrat Martínez Deschamps, Ehe und Diakonat. Eine einzigartige und bereichernde Verbindung. In: Diaconia Christi 51/2016, 160

fizierte Weise berufen ist, das Evangelium zu verkünden, dann meinen wir damit, dass er es in einem besonderen Auftrag der Kirche tut, andererseits, dass er es mit einem neuen, tieferen Engagement vollbringen soll." Drittens hat die Erfahrung gezeigt, „dass Ständige Diakone sich nicht nur bewährt haben, sondern zu einem unverzichtbaren Gut der gegenwärtigen Kirche geworden sind. Das Konzil spricht von einer Notwendigkeit in der gegenwärtigen Situation der Kirche. Und es stimmt: die Ständigen Diakone unserer Erzdiözese haben in vielfacher Weise dazu beigetragen, dass so manche Not im Leben unserer Mitmenschen, im Leben unserer Gemeinden gewendet worden ist."[92]

Als verheirateter Diakon sind mir meine Frau und meine Familie ein wichtiger Ankerpunkt für meinen Diakonat, aber auch der erste „Dienstort" meines diakonalen Dienstes. Als Verheiratete und zum Dienst des Diakons Geweihte sind wir Diakone hineingenommen in den Ordo und tragen wesentlich zur lebendigen Gemeinschaft in der Kirche bei. Gott heiligt die Gemeinschaft der Menschen in der Ehe von Mann und Frau durch das Sakrament und will, dass diese eheliche Gemeinschaft Grundlage für ein geglücktes Leben ist, sodass das Leben und die Freude am Glauben an zukünftige Generationen weitergegeben werden. Beide Elternteile können zueinander und zu den Kindern diakonisch wirksam sein, indem sie ihnen ihre volle Zuwendung schenken.

An die Kinder von Diakonen werden manchmal von Seiten der Gemeinde hohe Erwartungen gestellt. Dies konnte ich persönlich in der Zeit, in der wir elf Jahre lang als Familie in einem Pfarrhaus wohnten, erleben. Die an sie gestellten hohen Erwartungen führten dazu, dass unsere Kinder, als sie erwachsen wurden, sich mehr oder weniger von der Kirche als Institution abwandten. Daraus mussten wir die schmerzliche Erfahrung machen, dass jede Form von Druck – und sei es nur durch hochgesteckte Erwartungen – sich hindernd auswirkt. Also ist es wichtig, dass die Pfarre durch die gelebten Prioritäten der Diakonfamilie erfährt, dass die Familie in der Kirche einen Anwalt für Freiheit und Selbstgestaltung hat.

Der diakonale Dienst in der Pfarre oder in einer kategorialen Einrichtung darf nicht Flucht vor den familiären Aufgaben des Diakons sein. Gerade die eheliche Partnerschaft ist und bleibt die Grundlage für den Dienst in der Kir-

---

92 Florian Kuntner, Predigt anlässlich der Weihe von Diakon Heribert Auer, Hollabrunn, 7. März 1982. In: Institut für den Ständigen Diakonat (Hg.), 40 Jahre Diakonat, Wien 2010, 15–16

che als Diakon. Der erste und engste Wirkungskreis des verheirateten Diakons ist und muss daher die Familie sein.

Jeder, auch der zölibatär lebende Diakon, ist in einer Familie aufgewachsen und hat die Geborgenheit der familiären Gemeinschaft erlebt. Alle durften sich getragen wissen von der liebenden Fürsorge der Eltern und Geschwister und so die Einbettung in die Realität des Lebens erfahren.

4.3 Familie – Lernort und Rückzugsort

Für jeden verheirateten Diakon sind seine Frau und seine Kinder die ersten und wichtigsten Menschen, mit denen er das Leben teilt. Die Familie ist auch der wichtigste Lernort des verheirateten Diakons. Aus der Grundhaltung des Dienens kann er dort den Auftrag Christi in der Verbindung der beiden Sakramente – Ehe und Weihe – leben und für andere erkennbar werden lassen. Die konkrete Ausgestaltung der diakonalen Lebensform kann aber nur in jeder einzelnen Ehe und Familie entdeckt und gelebt werden. Wichtig und wünschenswert ist, dass sich die Ehefrau – trotz ihres eigenen Berufsfeldes – mit dem Diakonat des Mannes identifiziert.

Für den Dienst als Ständiger Diakon kommt nur in Frage, wer sich bereits fünf Jahre (Regelung für Wien) in Ehe und Familie, in Kirche und Berufswelt bewährt hat. Bei verheirateten Männern, die bei der Weihe mindestens 35 Jahre alt sein müssen, muss auch die Ehefrau ihr Einverständnis zur Ausbildung und Weihe ihres Mannes geben. Wichtig ist, dass die Ehefrau des zukünftigen Diakons bereits in den Ausbildungsprozess eingebunden ist und nicht erst vor der Weihe ihre Bereitschaft zum Mittragen des Diakonates gibt.

In kleinen Gemeinschaften, im Besonderen in der ehelichen Partnerschaft, soll das gegenseitige Teilgeben an der Gotteserfahrung gepflegt werden. In unserem Alltag dürfen wir immer wieder Gottes Zärtlichkeit an uns erfahren. Über diese auszutauschen gibt uns gegenseitig Mut. Aber auch jenen, die nicht glauben können, kann das Zeugnis, dass wir Gott in allen Dingen unseres Lebens vertrauen, ein wichtiger Impuls sein. Es braucht nicht viele Worte, es genügt, wenn wir diakonisch vorleben: diesem lebendigen Gott, dem ich vertraue, kannst du vertrauen. Das ist ein allen Christen mögliches Lebenszeugnis, das nicht übersehen werden kann.

Die Familie des Ständigen Diakons ist erster und wichtigster Wirkungsort des Diakons, aber gleichzeitig ist diese auch ein unentbehrlicher Rückzugsort für ihn. Im Leben des Diakons muss sichtbar werden, dass er in seinem Wirkungsbereich Prioritäten für sich und für seine Partnerschaft setzt. Zuerst muss er die eigene Familie, dann den Zivilberuf und dann die kirchlichen und pfarrgemeindlichen Aufgaben in den Blick nehmen. Will er den diakonalen Dienst effizient und glaubwürdig erfüllen, muss er die Balance zwischen den drei Bereichen finden und, falls diese in Gefahr ist, sie gegenüber seinen Verantwortlichen einmahnen. Ehe und Familie des Diakons stehen unter besonderer Beobachtung der Pfarrgemeinde. Daher ist es wichtig für das Diakonenpaar, ein gesundes Selbstbewusstsein zu entwickeln und bemüht zu sein, ihr Leben in Übereinstimmung mit dem Evangelium zu leben. Das Eheleben wird andererseits auch sehr bereichert durch ein Mitleben und gemeinsames Mitfeiern in der Pfarrgemeinde.

Wie das Eheversprechen, so ist auch das Weiheversprechen gegenüber dem Bischof endgültig und gilt lebenslang. Die Ehe als Abbild der Beziehung zwischen Christus und der Kirche wird in der lebendigen Beziehung für die Pfarrgemeinde sichtbar und erlebbar. Das doppelte Sakrament von Ehe und Weihe muss in seiner Vielschichtigkeit und Bedeutung für die ganze Kirche überdacht werden. Daher ist es für mich unverständlich, warum die Kirche nach dem Tod der Ehefrau von verwitweten Diakonen die Einhaltung des Zölibats fordert.

Ein Zeichen der Wertschätzung des Ehesakramentes durch den Diakon ist es, wenn er nicht immer am Altar steht und die Ehefrau mit den Kindern in der Kirchenbank „sitzen lässt", sondern dass er auch einmal den Gottesdienst gemeinsam mit seiner Frau oder seiner Familie in der Kirchenbank mitfeiert. So könnte er der Pfarrgemeinde bewusstmachen, dass die Ehe die Grundlage für seinen Dienst in der Pfarre ist. Es darf nicht der Eindruck entstehen, als habe seit der Weihe die Familie keinen Vater mehr, weil dieser am Altar steht und dem Priester assistiert.

4.4 Der verheiratete Diakon in seiner Familie – empirische Studien

In Österreich sind fast 90 Prozent (616) der Ständigen Diakone verheiratet, sechs Prozent (40) haben sich zum Zölibat verpflichtet, die übrigen sind Witwer oder leben von ihren Ehepartnerinnen getrennt. (Stand 2016)

Um die Vereinbarkeit von Familie und Diakonat zu belegen, kann ich auf drei Umfragen und ihre Ergebnisse verweisen. Im Jahr 2002 wurde von meiner Frau Maria Ferstl im Rahmen einer Projektarbeit für den Theologischen Kurs in Wien eine Befragung von Ehefrauen durchgeführt. Eine weitere Erhebung wurde 2005 von Nelleke Winjaards Serrarens, der Ehefrau eines Diakons aus Holland, im Namen des Internationalen Diakoneninstituts als Internationales Forschungsprojekt unter dem Titel „Partnerschaft in Solidarität“ durchgeführt und in einer kleinen Broschüre veröffentlicht. Weiters wurden die Diakone der Erzdiözese Wien im Jahr 2009 über das gelebte Verhältnis von Ehe und Weihe befragt.

Umfrage im Jahr 2002

Zum Ergebnis der ersten Umfrage: Die in der Erzdiözese Wien im Jahr 2002 durchgeführte Fragebogenaktion wurde von 36 Diakonen-Ehefrauen beantwortet. Grundfrage war: „Wie wirkt sich der Dienst als Diakon auf die Ehe und Familie aus und umgekehrt?“ Ein kleiner Auszug aus den gestellten Fragen kann ein Bild des Verständnisses und der Erfahrungen der Ehefrauen widerspiegeln. So wurde die Einbindung der Ehefrauen in die Ausbildung von den 35 Betroffenen mit 70 % als sehr intensiv und intensiv erlebt und die Frage „Wie erlebte ich die Ausbildung?“ mit 85 % vorwiegend positiv bis sehr positiv beantwortet. Die Frage, ob das persönliche Ja zur Berufung des Mannes in der Zeit der Ausbildung gestärkt wurde, wurde mehrheitlich mit „trifft zu“ bis „trifft sehr zu“ beantwortet, die Frage, ob nach der Weihe das Sakrament der Ehe bewusster gelebt wurde, mit „trifft eher nicht zu“. Und auf die Frage, ob die Frau heute froh ist, dass ihr „Mann Diakon ist“, gaben die Ehefrauen überwiegend „mehr als am Anfang“ zur Antwort.

Sehr große Zustimmung fand die Frage „Ich rede gern mit meinem Mann über seinen Dienst“, nur für einige „trifft“ dies „nicht zu“. Die Frage, ob das Paar ehrenamtliche Dienste gemeinsam macht, wird überwiegend mit „trifft zu“ beantwortet. Die Zunahme des eigenen Engagements seit der Weihe des Mannes blieb „eher gleich“ bis „gering“, aber der derzeitige zeitliche Aufwand wurde mit „geht mir gut“ bis „sehr gut“ bewertet. Die Antworten auf die Frage „Mein Ja zur Berufung meines Mannes bedeutet für mich?“ reichen von: „Ich respektiere seinen Weg“, „Ich identifiziere mich mit seiner Berufung“, bis: „Ich sehe darin unsere gemeinsame Berufung“. Vorbehalte zu dieser Frage gibt es nur in einem kleinen Ausmaß. Wie weit sich die Ehefrau von ihrem Mann respektiert fühlt, wird bis auf einige Ausnahmen mit „trifft (sehr) zu“ beantwortet. Die abschließende Frage nach dem Wunsch der Diakonenfrauen eines regelmäßigen Austauschs mit anderen Frauen wird mit einem Ja zu verstärkter Vernetzung beantwortet. Aus den Angaben der Frauen ist ersichtlich, dass die Weihe des Mannes mehrheitlich fünf bis zehn Jahre zurückliegt, die Mehrheit der Frauen gab als Beruf Hausfrau an und fast alle Diakonenpaare hatten Kinder im Schulalter bzw. erwachsene Kinder.[93]

Umfrage im Jahr 2005

Die zweite Befragung von Ehefrauen zu ihren Erfahrungen mit dem Ständigen Diakonat ihres Mannes wurde als Internationales Forschungsprojekt von der Holländerin Nelleke Winjaards Serrarens im Jahr 2005 durchgeführt. Befragt wurden Ehefrauen von Diakonen in Großbritannien, Holland, Belgien, Österreich, Frankreich, Italien, Deutschland, aber auch den USA und Kanada. Die Projektleiterin erhielt 272 ausgefüllte Fragenbögen zur Auswertung zurück. Der Fragebogen bestand aus sieben Fragen, die sehr offen formuliert waren, sodass die Frauen sehr ausführlich und nuanciert antworten konnten. So sollte dieses Projekt auch für die Ausbildungsverantwortlichen eine wichtige Grundlage sein.[94]

Die erste Frage lautete: „Hat die Weihe Ihres Mannes Ihre Familie beeinflusst?" Hier wurde vor allem die Veränderung der gemeinsamen Zeiten und Aktivitäten von den Frauen angesprochen. In ihrer Analyse kommt die Autorin der Umfrage zu folgender Schlussfolgerung: „Der Diakonat hat einen großen Einfluss auf die gemeinsame Zeit, die die Familie zusammen verbringen kann. Die Zeit für Gespräche und gemeinsame Unternehmungen wird geringer, besonders dann, wenn der Mann ehrenamtlicher Diakon ist. (...) Die Bereitschaft der Familie, den Diakonat des Mannes und Vaters zu unterstützen, ist groß, sowie auch das Verständnis dafür." Bezüglich der Prioritäten wird angeregt: „Es ergibt sich als sehr wichtig, dass Mann und Frau, zusammen mit den Kindern, regelmäßig darüber sprechen und auch Prioritäten gemeinsam festlegen. (...) Wichtig ist, dass der Diakon und seine Familie ein gutes Familienleben führen können, wo auch genügend Zeit füreinander bleibt."

Als Konsequenz wird in den Antworten viel Positives genannt: ein intensiveres religiöses Leben, viele neue Kontakte durch das Wachsen des Bekanntenkreises, Freundschaften auch mit anderen Familien und unter den

93 Vgl. Maria Ferstl, Diakonat und Ehe. Zur Situation der Diakonen-Ehefrauen. Projektarbeit Pastoraltheologie, Wiener Theologische Kurse, Wien 2002

94 Vgl. Nelleke Winjaards Serrarens, Partner in Solidarität. Internationales Forschungsprojekt des Internationalen Diakonenzentrums, Rottenburg 2005

Kindern. Durch den Dienst des Diakons haben aber auch die soziale Orientierung und das gelebte Dasein für Hilfsbedürftige zugenommen, bis hin zur Antwort „Ja positiv, insofern als wir uns intensiv mit unserem Lebenskonzept auseinandergesetzt haben.“[95]

Die zweite Frage war: „Welche Erwartungen sind an Sie (als Ehefrau) gestellt worden?“ Hier wurden die Antworten auf drei Bereiche – den Ehemann, den Pfarrer, die Gemeindemitglieder – bezogen. Seitens des Mannes wurden keine besonderen Erwartungen gestellt, ein Zitat umreißt dies folgendermaßen: „Das Amt des Diakons mitzutragen, Ja zu sagen, gemeinsam mit ihm sich auf Neues einzulassen“. Auch seitens des Leiters der Gemeinde und der Pfarrmitglieder stellen die Frauen keine besonderen Erwartungen fest, so im Zitat „Die Mitarbeit wurde sehr begrüßt, aber nicht erwartet“.

Die dritte Frage lautete: „Auf welche Weise arbeiten Sie mit Ihrem Mann zusammen? Wie unterstützen Sie seinen Diakonat?“ Die Autorin fasst die Antworten zusammen: „... dass auf vielfältige Weise durch die Frauen mitgearbeitet, geholfen und Unterstützung gegeben wird. Fast alle Frauen geben an, den Diakonat ihres Mannes zu unterstützen, in verschiedenster Art und in unterschiedlichem Maß.“ Das reicht von „Meist bin ich an der Haustüre oder am Telefon“, Aufgaben abnehmen und Organisieren von Diensten und Besuchen, Mittragen seiner Dienste, aber auch „Platz schaffen, wo er auftanken kann für seine beiden Berufe“. Wichtig ist, dass jeder seinen eigenen sozialen Bereich hat, aber man sich gegenseitig ergänzen und austauschen kann.

Frage vier lautete: „Hat der Diakonat eine positive Auswirkung auf Sie und Ihre Familie?“ Die Auswertung ergab, dass viele Frauen das von Herzen bejahen können, weil es zu einer Vertiefung im Glauben geführt hat und für sie „der Diakonat viele Impulse für ein sehr wertvolles und spirituelles Leben gegeben hat“. Auch das gemeinsame Beten/Stundengebet wird geschätzt. Von den Ehefrauen der Diakone wird festgestellt: Sehr bereichernd ist auch, dass man Einblicke in die Not vieler Menschen bekommt und Verständnis von sozialen Problematiken. „Der Diakonat hat auch zu vielen neuen, wertvollen menschlichen Begegnungen geführt. Die Arbeit mit vielen Menschen ist sehr erfüllend und man erfährt eine positive Anerkennung der Familie in der Gemeinde und bei Freunden.“[96]

---

95 Ebd., 8–10
96 Ebd., 16

Bei Frage fünf „Hat der Diakonat für Sie und Ihre Familie Probleme gebracht? Welcher Art?“ wird einerseits der Unterschied deutlich zwischen den hauptamtlichen Diakonen, die bereits als Pastoralassistenten tätig waren, deren Familie die Herausforderungen in pastoralen Berufen schon kennt, und den ehrenamtlichen Diakonen, die weiterhin in ihrem Zivilberuf tätig sind. Hier zeigt sich, dass es sehr wichtig ist, die Grenzziehung zwischen Dienst und Familie gut im Auge zu behalten und von Zeit zu Zeit neu zu überprüfen und Prioritäten zu setzen.

In den Antworten werden verschiedenste Probleme angesprochen und die Folgen nicht nur für die Ehefrau selbst, sondern vor allem auch für den Ehemann und die betroffenen Kinder formuliert. So werden Sorgen um die wenige Freizeit des Mannes und auch die Erwartungen an die Familie angeführt, besonders wenn die Kinder noch klein oder in der pubertären Phase sind. Für die Frauen sind es in großer Mehrheit Zeit- und Terminprobleme, aber auch die Sorge um das Vorbildverhalten der Kinder. Oft haben die Frauen das Gefühl, als Ehepaar und besonders als Familie stark im Licht der Öffentlichkeit zu stehen. Auch für die Partnerschaft, die Beziehung von Mann und Frau, bleibt zu wenig Zeit, vor allem an den Abenden und den Wochenenden. Das Ziel des Diakonates ist nicht die Überforderung der Diakonenfamilien, sondern eine Balance zwischen den persönlichen Bedürfnissen der Familie und den Herausforderungen des Dienstamtes des Diakons zu finden.

Frage sechs versuchte, den Bedarf der Frauen an einem größeren Angebot an Gesprächen, Veranstaltungen, Spiritualität und Unterstützung zu erheben und diesen an die jeweiligen Diözesen zurückzumelden. Hier ist besonders bemerkenswert, dass in den Ausbildungen für den Diakonat eine umfassende und ehrliche Information erfolgt und die Ehefrauen und Kinder soweit als möglich in die Ausbildung eingebunden sind. Als weiteres Anliegen wurde eine gute Darstellung des Diakonenstandes in der Öffentlichkeit genannt, um den Priestern und Vorgesetzten, aber auch den Pfarrgemeinden ein klares Bild vom Diakonat zu vermitteln, damit die Erwartungen an den Diakon und seine Familie realistisch bleiben.

In der Frage sieben hatten die Frauen die Möglichkeit, Ideen und Kommentare über die verschiedensten Aspekte der Beziehung Diakonat – Ehe – Familie zu geben. Hier wurden Wünsche wie eine verstärkte Aufmerksamkeit für die Position von Witwen und den getrennt von Partnern Lebenden zu schenken. So ist es auch der Wunsch der Diakonenfrauen, dass die Wiederverheiratung von verwitweten Diakonen möglich sein soll und dass das

Sakrament der Krankensalbung durch den Diakon gespendet werden kann. Die Aussage einer Ehefrau eines Diakons bringt die Freude am Diakonat aus ihrer Sicht auf den Punkt: „Wenn ich heute noch einmal vor der Entscheidung stünde, würde ich genauso gerne mein Ja-Wort geben. Für meinen Mann war die Familie genauso wichtig wie sein Diakonat.“[97]

Umfrage im Jahr 2009

Zur dritten Umfrage: Sie wurde im Rahmen des Wiener Diakoneninstituts im Jahr 2009 durchgeführt. Die grundlegende Fragestellung lautete: Wie wirkt sich mein Dienst auf Ehe und Familie aus und umgekehrt?

Das Zusammenspiel der Lebensbereiche Diakonat und Ehe bzw. Familie wurde überraschend positiv beurteilt. Fast 75 % der Antworten sehen die Verbindung von Ehe und Weihe positiv. 16 % sehen diese Verbindung als neutral an und nur 10 % erleben die Verbindung als belastend, wobei als Begründung vorwiegend die zeitliche Doppelbelastung genannt wird. Die Liste der Antworten wird unter den Antworten zu „was bringt es?“ (oft Freude, Erfüllung ...) und „was belastet?“ v. a. in Bezug auf Beziehungs- und Zeitprobleme (Assistenz des Mannes und die Familie in der Kirchenbank) sehr konkret.[98]

Die Erfahrungen der Kirche mit verheirateten Diakonen zeigen in der großen Familie der Kirche und somit in der pastoralen Arbeit wertvolle Früchte. Das Miteinander von verheirateten und zölibatären Diakonen in der Ausbildung und in der 50-jährigen Geschichte hat sich bewährt. Die positive Entwicklung der Partnerschaft von verheirateten Diakonen zeigt, dass beide Sakramente – Ehe und Weihe – einander ergänzen und entfalten, wenn die Prioritäten von den Partnern richtig getroffen werden. Ehefrau und Kinder tragen wesentlich den diakonalen Dienst mit und ergänzen durch ihr Mitwirken die kirchlichen und gesellschaftlichen Dienste in der Gemeinschaft der Kirche und in ihren Pfarrgemeinden. Die Ehe ist ein Sakrament des Dienstes an der Gemeinschaft, in dem es darum geht, sich zu ergänzen, sich zu unterstützen und das Heil des Anderen zu suchen. Auch die Weihe ist ein Sakrament des Dienstes an der Gemeinschaft zum Heil der Anderen. Beide Sakramente tragen durch ihren Dienst am Mitmenschen zur persönlichen Heiligung bei.

---

97 Ebd., 26

98 Vgl. Franz Ferstl, Umfrage Diakone ED Wien, 2009

Maria Höllwerth, die Vertreterin der Frauen der Diakone in der Arbeitsgemeinschaft Österreichs, spricht über ihre Erfahrungen als Ehefrau eines Ständigen Diakons in einem Interview am 15. September 2018. Die Zeit nach der Weihe ihres Mannes beschreibt sie folgendermaßen:

> „Die erste Phase nach der Weihe war der nach der Hochzeit nicht unähnlich. Das Hochgefühl und die besondere Gestimmtheit nach dem Fest in der eigenen Pfarrgemeinde, das Karl erlebte, sprangen natürlich auch auf mich über. Auch die vielen Glückwünsche und Geschenke der Gäste ließen dieses Gemeinschaftserlebnis sich verdichten. ‚Wir sind nicht allein unterwegs, viele nehmen teil an diesem speziellen Weg, viele freuen sich mit uns' – das waren so Eindrücke, die ermutigten und viel Energie gaben. Dieser ‚Hoch-Zeit' folgte dann auch ein praktisches Aushandeln, wie alles zu organisieren sei: In welchen Bereichen kann ich mich auch als Frau einbringen? Wie gestalten wir unsere gemeinsamen Gebetszeiten? Mindestens ein Wochenende im Monat sollte ganz frei sein für die Familie – würde das genügen?
> Ich kann mich noch erinnern, dass ich anfangs besonders erbost war, wenn Leute aus Unkenntnis, was ein Diakon ist, hinter uns her tuschelten: ‚Ist das seine Pfarrerköchin?' Bald sah ich das aber nicht mehr als unser Problem, sondern vielmehr als die tragische Situation so mancher Priester.
> Es wäre gelogen, wenn ich behaupten würde, dass es nur tolle Augenblicke gab. Vor allem aufgrund zu vieler Termine kam es des Öfteren zu Streitigkeiten und die Frustrationstoleranz wurde zuweilen aufs Äußerste herausgefordert. Doch wie in einer Ehe überhaupt braucht es auch immer die Zeiten der Reflexion, der Einsicht und des Neubeginns. Überhaupt haben wir manchmal sehr konträre Ansichten zu verschiedenen Themenbereichen, interessanterweise ist jener des Glaubens und des Spirituellen sehr oft das Verbindende und Versöhnende gewesen.
> Gerade jetzt befinden wir uns in einer Phase der Umorientierung. Nach intensivem Engagement auch für die Diakonengemeinschaft ist es für uns beide wieder Zeit, neue Schwerpunkte zu setzen und uns auf eine neue Weise mehr Zeit für unsere Partnerschaft zu nehmen. Für die diakonalen Termine könnte das verstärkt heißen: Qualität vor Quantität!"

Auf die Frage, worauf Frauen von Diakonen besonders achten sollten, sagt Maria Höllwerth:

> „Es ist naheliegend, dass der Faktor Zeit ein maßgebliches Kriterium für eine gelingende Beziehung ist. Natürlich gestaltet sich das für jede Diakonfamilie anders. Nachdem wir während der Woche des Öfteren miteinander das Mittagessen einnehmen konnten, war es für uns nicht so tragisch, wenn mein Mann sonntags nach der Taufe mit der Tauffamilie zum Mahl ging. Auch sonst blieb uns während der Woche viel Zeit für gemeinsame Unternehmungen, sodass das Wochenende mehr diakonale Tätigkeiten aufweisen konnte. Das hätte mich sicher als Frau gestört, wenn mein Mann täglich bis spät in den Abend hinein arbeiten hätte müssen.
> Etwas schwierig empfand ich, einen engen Freundeskreis weiterhin zu pflegen. Im Kontakt mit so vielen verschiedenen Menschen blieb oft zu wenig Zeit für intensive und regelmäßige Unternehmungen mit unseren Freunden. Darauf mussten wir dann schon ganz bewusst achten.
> Wichtig ist weiters, dass sich die Diakonfamilie nicht überfordert, nicht den Anspruch hat, eine Musterfamilie zu sein. Im Grunde bleiben einem kaum Probleme erspart, der Umgang mit ihnen kann für andere vielleicht auch ein positiver Anstoß sein. Aber auch das Scheitern gehört zum Diakon und seiner Partnerschaft und Familie und macht ihn auch authentisch. Barmherzig miteinander umzugehen, bekommt dann ein Gesicht.
> Sehr förderlich ist es auch, wenn sich die Ehefrau eine (geistliche) Begleitung von außen holt. Wie in anderen Bereichen auch, ist der Diakon, der anderen ein so wunderbarer Gesprächspartner und Helfer ist, im eigenen Umfeld zuweilen überfordert. Das hat mich immer an meinen Vater erinnert, der zwar Installateur war, in der eigenen Küche aber kein Warmwasser installiert hatte.“

Für die Zukunft des Diakonats hat Maria Höllwerth folgende Erwartungen an die Kirche:

> „Dem Priestermangel sollte mit adäquaten Mitteln begegnet werden (Freistellung des Zölibats, Neudefinition der Zugangsbestimmungen, Öffnung des Amtes auch für die Frauen). So würden die Diakone nicht wie oft in die Rolle des ‚Ersatzpriesters‘ gedrängt, was aufgrund ihrer beruflichen Herausforderungen und ihrer Verantwortung in der Familie zu Überforderungen führt.
> Ob ein Diakon nach dem Tod seiner Frau wieder heiratet, sollte ihm überlassen werden. Wenn ein Leben in Partnerschaft gelebt wurde, ist

ein zölibatäres Leben nicht jedermanns Sache. Für die Kirche bringt das keinen Mehrwert, denke ich."[99]

4.5 Gelebtes Sakrament – persönliche Erfahrungen

Ich will mich als Diakon, der seit vierzig Jahren verheiratet ist und auf dreiunddreißig Jahre Diakonat zurückblicken kann, nicht allein auf Umfragen und Thesen beschränken, sondern die Leserinnen und Leser an meinen praktischen Erfahrungen teilhaben lassen. Es könnte manchem Interessenten ein klareres Bild dessen vermitteln, was der diakonale Weg so in sich hat.

Als der damalige Bischofsvikar Florian Kuntner vor etwa 35 Jahren mich als Vikariatssekretär ansprach, ob ich nicht die Ausbildung zum Ständigen Diakon machen wolle, war ich überrascht und erst bei einem weiteren Gespräch darüber spürte ich mich angesprochen. Als Ehemann und junger Vater von zwei Kindern, in einem Pfarrhof wohnend, ermutigte er mich: „Franz, was du machst, ist diakonal, willst du nicht diese Berufung durch die Ausbildung vertiefen und Diakon werden?" Es fand sich eine Gruppe von fünf Ehepaaren, die sich gemeinsam mit dem Ausbildungsleiter Prälat Karl Hoffegger auf den Weg machte. Mir war wichtig, wenn ich Diakon werde, diesen Dienst nicht nur in Absprache, sondern in gemeinsamer Verantwortung mit meiner Frau zu tun. Zu allen Ausbildungseinheiten waren immer auch die Ehefrauen eingeladen. Weil wir im Pfarrhof Platz hatten und zwei kleine Kinder zu versorgen waren, fanden die Einheiten meist im Pfarrhof statt, was den Vorteil hatte, dass wir keine Kinderbetreuung brauchten und auch die Kinder über unsere Zusammenkünfte informiert und in den bevorstehenden Weg eingeweiht waren.

Erfreulich war auch, dass unsere Pfarrgemeinde mitbekam, dass ich auf dem Weg zum Ständigen Diakon war. Somit waren auch bei der Weihe die Pfarre und die Mitarbeiterinnen und Mitarbeiter voll engagiert und ich wurde – obwohl ich nicht in der Pfarre aufgewachsen war – als einer von ihnen gefeiert. Außer dass ich nun die Taufen und Begräbnisse in der Pfarre nicht nur vorbereiten, sondern auch feiern und gestalten konnte, war unser Da-

99 Maria Höllwerth, Interview, 15. September 2018

sein für die Pfarre nicht anders als vor der Weihe. Da unser damaliger Pfarrer eine zweite Pfarre zu betreuen hatte, war es für ihn eine Entlastung. Gemeinsam mit meiner Frau gestalteten wir selbstständig Bibel- und Familienrunden, machten – unterstützt durch die Mitarbeiterinnen und Mitarbeiter der Pfarre – gemeinsam die Vorbereitung auf Erstkommunion und Firmung, gestalteten Familienvespern und in der Fasten- und Adventzeit geistliche Impulse. Das Angenehme war, dass – örtlich bedingt durch das Wohnen im Pfarrhof – keine Fahrwege anfielen. Weil meine Frau gleichzeitig Organistin war, fanden sich Frauen, die bei Gottesdiensten und kirchlichen Feiern, quasi hinter der Orgel, mit Freude die Betreuung der (mittlerweile weiteren zwei) Kinder übernahmen.

Bei den Wortgottesfeiern oder Taufen waren wir ein kirchlicher Familienbetrieb: ich am Altar, meine Frau an der Orgel und die beiden älteren Kinder schon als Ministranten tätig, die zwei kleineren Kinder in der Obhut von Mitarbeiterinnen aus der Pfarre gut versorgt. Der große Vorteil, elf Jahre im Pfarrhof zu wohnen, war, dass wir als Ehepaar alle Dienste in der Pfarre gemeinsam wahrnehmen konnten und dabei das Wohlwollen unseres Pfarrers hatten, der in der Nachbarpfarre wohnte. Für meine Frau waren die Aufgaben – neben der Sorge um unsere kleinen Kinder in ihrer Rolle, als ständig verfügbare Ansprechperson für viele organisatorische Dinge in der Pfarre zuständig zu sein – eine große Herausforderung und nachträglich gesehen eine starke Belastung. In diesen ersten Jahren meines Diakonats wurden unsere zwei jüngeren Kinder geboren; sie haben von Kindheit an das Leben des Diakons und der Pfarre erlebt. Eine kleine Anekdote aus dieser Zeit: Die Kinder fanden die neue liturgische Kleidung des Vaters „sehr schön“ und prägten den Ausspruch, der ab da in unserem „Familienjargon“ fest verankert war: „Verkleidet sich der Papa heute wieder als Diakon?“

Das Leben als Familie brachte zurückblickend überhöhte soziale Erwartungen an die im Pfarrhof Wohnenden: Für alles zuständig zu sein, als Diakon – an einem Pfarrer gemessen – immer da zu sein und Freud und Leid mit den Menschen zu teilen und so das Privatleben weitgehend einschränken zu müssen. Meine Frau denkt zum Beispiel mit Horror daran zurück, wie sie es am Sonntagmorgen nicht nur rechtzeitig zum Gottesdienst schaffen, sondern auch die Küche – natürlich blitzblank geputzt – emsigen Frauen zum Herrichten des Pfarrkaffees überlassen musste. Erst nach dem Abwaschen und Wegräumen allen Geschirrs (die letzten Handgriffe blieben immer der

Familie überlassen) wurde die Küche danach wieder für das eigene Familienleben frei.

Trotzdem war es für uns als junge Familie eine schöne Zeit, da viele Menschen an unserem Leben teilnahmen und die Pfarre richtig aufblühte. Unsere Kinder hatten viele gute Freunde und erlebten die Pfarre als große Familie. Dadurch hatten wir auch guten Kontakt zum Kindergarten und zur Schule, wo die Feste im Jahreskreis gefeiert und mitgestaltet wurden. Was uns im Rückblick wichtig wurde, war, den sozialen Druck – „ihr wohnt ja in der Pfarre, da müsst ihr doch ..." – nicht noch zu verstärken und den Kindern den Freiraum zu lassen, selbst bestimmen zu können, wo sie mitmachten und wo sie ihre eigene Freiheit brauchten.

Nach elf erlebnisreichen Jahren wurde für die Pfarre ein Priester gefunden. Wir sind in ein eigenes Haus in der Stadt gezogen und haben in einer Pfarre am Stadtrand ein neues Betätigungsfeld gefunden. Mit dem neuen Pfarrer gemeinsam war es pastoral gesehen eine sehr fruchtbare Zeit. Wie schon in der ersten Pfarre sind wir auch hier gemeinsam tätig gewesen und haben unsere Kräfte eingebracht. Da ich in dieser Zeit hauptamtlich als Sekretär des Pastoralamtes tätig war, ergab sich für mich die Möglichkeit, pastorale Ideen und Impulse in der eigenen Pfarre auf ihre Praxistauglichkeit zu prüfen. Es war uns immer wichtig, gemeinsam an Veranstaltungen der Pfarre teilzunehmen, wie zum Beispiel an der Theologischen Volkshochschule, einem zweijährigen Lehrgang für Pfarrmitarbeiterinnen und -mitarbeiter. Nachdem der Pfarrer, mit dem wir viele Jahre zusammen Freud und Leid in der Pfarre teilten, in den wohlverdienten Ruhestand ging, verabschiedeten auch wir uns und nahmen eine Auszeit vom Pfarrengagement.

Wenn wir so als Ehepaar auf die dreiunddreißig Jahre Diakonat auf dem Hintergrund von gemeinsamen vierzig Ehejahren zurückschauen, hat uns die Entscheidung, den Weg des Diakonates zu gehen, sehr geprägt und unsere Beziehung bereichert. Wichtig war, dass die Entscheidungen gemeinsam getroffen wurden und sich eine partnerschaftliche Lebenskultur entfalten konnte. Bei uns war ja schon vor der Weihe die Entscheidung zu fällen, ob wir in einem Pfarrhof wohnen wollten; nicht „privat" als Familie zu leben, sondern für das Anvertraute – und das ist beim Diakon das Amt des Dienens – Verantwortung zu übernehmen.

Das Schöne an den ersten Jahren des Diakonats war, dass nicht nur die Ausbildung, sondern auch der Dienst in der Pfarre etwas Gemeinsames war.

Auch wenn es verschiedene Erwartungen an uns gab, haben wir versucht, eine gemeinsame Entscheidung zu treffen und uns auch nicht durch kirchliche Erwartungen auseinanderdividieren zu lassen. Die Ehe bleibt die Basis für ein fruchtbares pastorales Wirken – wenn in der Predigt noch so kluge und weise Worte fallen, sie müssen durch das tägliche Handeln gedeckt sein. Gerade weil wir Diakone den Rückhalt unserer Familie haben, können wir auf unsere persönliche Erfahrung im Beruf und in der Familie zurückgreifen und sie als Lebenswert bezeugen. Wir haben dank unserer partnerschaftlichen Beziehung einen Rückzugsort und eine Gesprächspartnerin, wenn wir gefordert und manchmal überfordert und am Ende der eigenen Weisheit sind.

Wie in anderen Familien machen auch wir Diakone als Väter Erfahrungen mit den Kindern in den verschiedensten Altersstufen und dürfen von ihnen viel lernen. Wir bekommen viel von den Freuden und Sorgen, ihrem Hineinwachsen in die Gemeinschaft ihrer Mitschüler und Freunde und in die Gesellschaft mit. Die Kinder sind am Puls der Zeit und machen uns die Realität vieler Mitmenschen bewusst. Wichtig war mir, diese Lebenswirklichkeit mit meinen Kindern zu teilen und nicht die Augen zu verschließen oder alles zu vergeistigen. Der Diakon ist Diakon in erster Linie für seine Frau und für seine Familie und dann erst für die Pfarre. Ich erlebe mit Sorge, wenn ein Diakon nur für die Pfarre lebt und so vor dem eigenen Familienleben flüchtet. Ebenso macht mir Sorge, wenn ein Diakon zum Einzelkämpfer wird und mit alleiniger Kraft die Welt verbessern will. Der verheiratete Diakon darf sich auch nicht aus der Gemeinschaft der Diakone „ausklinken" und nur mehr seinen Weg und seine Arbeit sehen.

Es war mir und meiner Frau seit Beginn des diakonalen Weges wichtig, einem Diakonenkreis anzugehören, der sich regelmäßig trifft. Der unsrige besteht schon seit dreißig Jahren. Wir treffen uns gemeinsam mit unseren Ehefrauen monatlich – mit Ausnahme der Sommerferien – und tauschen uns aus über das, was wir erleben. Nach dem gemeinsamen Breviergebet geht es um ein Thema und danach um die Frage „Was bewegt dich?". Hier sind die Erfahrungen der Ehefrauen genauso gefragt wie die pastoralen Freuden und Sorgen, die jeder mitbringt. Auch nach dem Tod des Ehemannes bleiben die Witwen in die Diakonenkreise eingeladen.

5. DER DIAKON ALS BRÜCKENBAUER ZWISCHEN KIRCHE UND WELT

Über einen der ersten öffentlichen Auftritte Jesu berichtet der Evangelist Lukas: Jesus bittet Petrus, sein Boot als Bühne für seine Rede an die vielen versammelten Menschen am See Genezareth zur Verfügung zu stellen. Jesus ersucht Petrus, sein Boot, das für den Fischfang und somit für seine Arbeit für den Lebensunterhalt wichtig ist, verwenden zu dürfen, um seine Botschaft an die Menschen zu richten. Diese Bitte an Petrus ist ein erstes Zeichen, dass Jesus das Handwerk und den Lebenserhalt der damaligen Menschen schätzt und dies als Grundlage für die Verkündigung seiner Frohbotschaft gebraucht. Jesus, der gelernte Zimmermann, steigt ein in das Boot des Fischers Petrus.

Nach der Rede an das Volk stellt Jesus Petrus die Frage, wie es ihm in seinem Beruf geht. Er erhält die Antwort, dass sie letzte Nacht nichts gefangen haben. Und Jesus fordert Petrus auf – entgegen seinen beruflichen Erfahrungen –, nochmals auf das Meer zu fahren und das Netz auf der anderen Seite auszuwerfen, obwohl nach menschlichem Ermessen der Misserfolg nur größer werden kann. Das Vertrauen des Petrus wird von Jesus auf die Probe gestellt und der Erfolg mit den überfüllten Netzen muss für ihn überwältigend sein. „Geh weg von mir, ich bin ein sündiger Mensch“, war seine Antwort. Das für Petrus wichtige Vertrauen wird damit für sein weiteres Leben gestärkt und gefestigt.

Zwei Erfahrungen, die in dieser Begegnung zwischen Petrus und Jesus zum Ausdruck kommen, sind für mich und meine Berufung zum Ständigen Diakonat wesentlich: Hier ist Jesus, der den Beruf des Petrus wertschätzt und sein berufliches Umfeld und seine Erfahrung zum Anlass nimmt, um zum einen seine Sendung zu den Menschen zu erfüllen, und andererseits Petrus im gestärkten Selbstvertrauen zum Menschenfischer macht. Ich konnte in vielen Gesprächen mit meinen Mitbrüdern feststellen, dass sie – obwohl im Beruf erfolgreich – sich gerufen fühlten, in den Dienst der Menschen einzutreten. Gerade der Berufsalltag ist neben den familiären Erfahrungen ein starkes Berufungsfeld für zukünftige Diakone. Es geht nicht um eine Flucht aus der oft schwierigen Situation im Berufsalltag, sondern wie bei Petrus darum, unser Lebensboot dazu zu nutzen, die Frohbotschaft in die Welt zu tragen. Gerade der Berufsalltag wird oft zur Grundlage für wichtige Berufungsdialoge, die ein Vertrauensereignis zur Folge haben – wie Petrus mit dem überwältigenden Fischfang.

Bischof Gebhard Fürst spricht die Brückenfunktion des Diakons an: „In vielfältiger Weise kann der Diakon ‚Brückenfunktion' ausüben: indem er ‚an die Ränder' geht zu den sozial Ausgeschlossenen; aber auch indem er mit Ehe und Familie im Klerus steht; indem er Kirche in seiner Arbeitswelt präsentiert und für Menschen zum Ansprechpartner wird, die Kirche suchen. Er kann Brücke sein zwischen verbandlicher Caritas und Gemeindecaritas, zwischen kirchlichem und außerkirchlichem Engagement im Lebensraum."[100]

5.1 Diakone in einer Vielfalt von zivilen Berufen

In Österreich wurde bei der Auswahl und der Weihe zum Ständigen Diakon unter anderem auch darauf geachtet, dass „bewährte Männer" nicht für einen hauptamtlichen Dienst in der Kirche abgeworben wurden, sondern als „Diakone im Zivilberuf" tätig blieben. So wurde eine berufsbegleitende Ausbildung in Form eines Diakonenseminars, das sich über mindestens vier Jahre hinweg erstreckt, entwickelt. In dieser Zeit gibt es gleich nach der bereits vorausgesetzten theologischen Bildung eine große zeitliche und persönliche Herausforderung, neben Familie und Beruf die Mühe einer intensiven Vorbereitung und Ausbildung auf sich zu nehmen.

Wie die Erfahrungen der ersten 50 Jahre des Ständigen Diakonats zeigen, war es eine richtige Entscheidung der Kirche von Österreich, den Weg für einen Einsatz ehrenamtlicher, im Zivilberuf tätiger Diakone zu forcieren. Nicht nur wegen der geringeren finanziellen Belastung des Diözesanbudgets durch den Wegfall von Personalkosten für hauptamtlich angestellte pastorale Mitarbeiter, sondern vor allem für die Brückenfunktion zwischen Arbeits-

100 Gebhard Fürst, 50 Jahre Internationales Diakonatszentrum. In: Diaconia Christi 51/2016, 23

welt und Kirche, die durch die Tätigkeit der Diakone im Zivilberuf geschaffen wurde. Der Diakon, der schon vor der Weihe in seinem Berufsumfeld tätig war, kann nun als Arbeitskollege und als Brücke zur Gemeinschaft der Kirche erlebt werden.

Gerade durch die berufliche „Bewährung", die für eine Zulassung zum Diakonat entscheidend ist, wird der zum Diakon Geweihte weiterhin als Mensch und Arbeitskollege erlebt, er kann seine kirchliche Verankerung durch sein menschliches und geistliches Wirken in die oft sehr stressige Berufswelt hineintragen. Wenn er auch nur in seiner beruflichen Freizeit seinen Dienst als Diakon – in der Pfarre oder in einem kategorialen Bereich – einbringen kann, wird er als Mann der Kirche wahrgenommen. So ergeben sich in den beruflichen Kontakten Gespräche über „Gott und die Welt". Der Kirche oft sehr fernstehende Menschen machen durch ihn eine Erfahrung, die zum Umdenken und oft auch zu neuer Einschätzung und Beziehung zur Kirche führt.

Unter den ersten Ständigen Diakonen finden sich Männer, die aus den verschiedensten Berufen kommen, ihre berufliche Erfahrung mitbringen und weiterhin durch ihren Zivilberuf ihren Lebensunterhalt für sich und ihr Familie verdienten. So finden sich unter den ersten Diakonen nicht nur Handwerker, Lehrer und Landwirte, sondern auch Beamte, Selbstständige etc. Die Liste der Berufe, die Diakone ausüben oder vor ihrer Pension ausgeübt haben, ist sehr lang und vielfältig. Im Rahmen des 40-Jahr-Jubiläums des Diakonats in der Erzdiözese Wien haben wir einige Beispiele gesammelt:[101]

- *Michael* übt den Beruf eines Piloten in einem privaten Flugunternehmen aus, was die Planung seiner Freizeit schwierig macht. Er versucht, neben seiner Tätigkeit auch genügend Zeit für seine junge Familie zu finden. Zu seinem Leitwort für den Diakonat hat er den Satz gewählt: „Mich ganz in die Hand Gottes geben und Gottes Willen in allen Dingen möglichst klar erkennen und befolgen."
- *Ernst* war vor seiner Pensionierung im Land Niederösterreich als Amtssachverständiger für Sicherheitsfragen tätig und konnte seine beruflichen Qualifikationen in den Dienst der Landesregierung stellen. Sein diakonales Leitmotto ist: „Die dienende Liebe Jesu sichtbar machen. Kontakt mit Menschen in verschiedensten Lebenssituationen suchen und dabei die Kirche erkennbar und berührbar zeigen. Ansprechpartner für kirchliche Belange sein."

101 Vgl. 40 Jahre Diakonat, 42–126

- *Edwin* war vor seiner Pensionierung als Gefangenenhausseelsorger tätig. Für viele Insassen, aber auch für das Personal hat er versucht, eine Brücke zwischen drinnen und draußen zu schlagen. Sein Leitwort als Diakon ist das Schriftwort Mt 25,36: „Ich war nackt und ihr habt mir Kleidung gegeben, ich war krank und ihr habt mich besucht, ich war im Gefängnis und ihr seid zu mir gekommen."
- *Franz* hat über viele Jahre den Beruf des Fleischermeisters ausgeübt und einen Betrieb aufgebaut. Er war in seinem Bezirk in Wien nicht nur für gute Wurst- und Fleischwaren bekannt. Er fand auch immer Zeit für ein aufbauendes Wort. Er kannte die Anliegen der Menschen und versuchte, mit Humor zum Wohl der Menschen beizutragen. Alle, die zu ihm kamen, gingen gestärkt weg. Sein Leitwort ist: „Es ist schön und macht Freude, helfen zu können, sowohl caritativ als auch pastoral. Fast täglich gibt es neue Herausforderungen zu meistern und das Schöne ist, dass der Dienst des Diakons gerne angenommen wird."
- *Leopold*, der in seiner beruflichen Tätigkeit als leitender Angestellter mit dem Titel Regierungsrat ausgezeichnet wurde, war trotz beruflicher Herausforderungen auch für seine Frau und seine Familie da. Dazu übernahm er wichtige Dienste in der Pfarre und wurde von seinem Pfarrer und seiner neuen Pfarre wegen seiner liebenswürdigen, hingebungsvollen Art sehr geschätzt. Sein diakonales Motto ist: „Aus meiner Erfahrung mit Gott den Gescheiterten, Enttäuschten, Einsamen, Kranken und Alten Gottes Liebe und Barmherzigkeit zu verkünden."
- *Ernst* war als Versicherungsdirektor beruflich tätig. Nach seiner Pensionierung studierte er Kirchenrecht und war einige Jahre ehrenamtlicher Diözesanrichter in der Erzdiözese Wien. Er brachte seine beruflichen Fähigkeiten auch im Aufbau der Diakonengemeinschaft und im Diakonenrat ein. Sein zum 40-Jahr-Jubiläum des Ständigen Diakonats in Wien gegebenes Zeugnis spricht für sein Engagement in der Entfaltung des Diakonats: „40 Jahre Diakone in Wien, fast ein Vierteljahrhundert darf ich dazu gehören. In der Freude darüber bin ich allen guten Vorbildern, die mir Ansporn und Stütze sind, dankbar; besonders jenen Mitbrüdern, die unsere Gemeinschaft geformt haben und weiterhin tragen."
- *Hubert* ist von Beruf Architekt und hat am Aufbau und am Leben der bekannten Wotrubakirche in Wien einen wichtigen Anteil geleistet. Neben der liebenden Sorge für seine Familie hat er sich sowohl in seinem Beruf als Architekt als auch in der Sorge um das geistliche Leben der Gemeinde

eingebracht. Sein Leitspruch ist „Plus ultra“ – darüber hinaus – den Blick nach vorne richten. Gemäß den Zeichen der Zeit soll die Gemeinde von morgen aufgebaut werden.

- *Fritz* ist von Beruf Energietechniker und schon in Pension. Er ist aufgrund seiner Erfahrung und der langjährigen Tätigkeit in der Katholischen Arbeitnehmerbewegung jetzt ihr Geistlicher Assistent. Sein Zeugnis hilft uns, die Bedeutung der Verbindung von Berufswelt und Kirche besser zu verstehen: „Aus 40 Jahren Berufserfahrung in der Elektroindustrie weiß ich genau, dass es nicht nur auf die Qualität und den Preis des Produktes ankommt, sondern vor allem auf das Service, das ein Unternehmen zu bieten hat“. Und als solches versteht er seine Aufgabe als Diakon in der Kirche: „Den Menschen meine Dienste anzubieten, ein Stück Leben – vor allem im Bereich der Arbeitswelt – mit ihnen zu teilen und sie an den Knotenpunkten ihres Lebens zu begleiten.“
- *Josef* ist von Beruf Wirtschaftsforscher und bringt seine langjährige Erfahrung und sein Fachwissen ein. Trotz großer Familie mit sechs Kindern und seiner Liebe zur Kirchenmusik war für ihn die Weihe zum Diakon „ein Markstein, an dem Gott vieles in meinem Leben zu einem neuen Aufbruch führte. Noch immer hält meine Neugierde an, was der Herr alles vorhat mit mir und meinen Lieben.“ „Ich werde ihm einen weißen Stein geben und auf dem Stein steht ein neuer Name, den nur der kennt, der ihn empfängt“(Offb 2,17), ist das Motto für seinen Dienst.
- *Georg* war Prokurist in einer großen Wiener Versicherungsanstalt. Seine Sorge um die Menschen prägt sein Leben auch nach seiner beruflichen Tätigkeit in seinem Engagement in der Pfarre. So umschreibt er seinen diakonalen Dienst: „Für die Menschen, die aus gesundheitlichen Gründen am Gemeindeleben nicht mehr aktiv teilnehmen können, da sein. Mein diakonaler Schwerpunkt liegt daher in den Hausbesuchen. Ich möchte, dass die Menschen spüren, nicht vergessen zu sein.“
- *Romeo* ist Facharzt für Frauenheilkunde und Geburtshilfe. Sein Anliegen als Diakon ist, nicht nur Menschen in ihrer oft nicht leichten Situation im Umgang mit dem jungen und ungeschützten Leben beizustehen. Es geht ihm auch um das Einbringen christlicher Standpunkte in die gesellschaftliche Diskussion bioethischer Fragen und um die gegenseitige Vernetzung katholischer Ärzte. Sein Zeugnis: „‚Tretet nicht aus, tretet auf‘ – diese Worte von Papst Johannes Paul II. haben mich aufgerüttelt und waren Initiation meines Weges zum Diakonat. Die Herausforderung

lautet, sichtbares, lebendiges und wirksames Zeichen des Dieners Christi zu sein."

Schon diese kleine Auswahl an Berufen, in denen Diakone tätig waren oder noch sind, zeigt die Vielfalt der Erfahrungen und die großen beruflichen Kompetenzen, die die Diakone in die Kirche mitbringen. Es ist eine große Chance der Kirche, Menschen mit solchen langjährigen beruflichen Erfahrungen als Verkünder des Wortes Gottes und als Zeugen seiner allumfassenden Liebe und Barmherzigkeit zu haben. Der Ständige Diakonat ist nicht der krönende Abschluss einer beruflichen Karriere, sondern, wie es einer unserer Mitbrüder in seinem Zeugnis nannte, ein Markstein, der dem Leben eine neue vertiefte Richtung gibt. Die Kirche kann Gott danken für diese Vielfalt in unseren Berufungen.

5.2 Beruf als pastorales Wirkungsfeld

Wie die Familie, der jeder von uns angehört, unser Leben prägt, so ist es auch mit allem, was ein Mensch tut. Durch sein Arbeiten und Wirken entfaltet der Mensch sich selbst und seine Fähigkeiten und gibt so seinem Leben ein Gesicht. Durch seinen Einsatz am Arbeitsplatz wird der Mensch Mitarbeiter Gottes und gestaltet zugleich sein Mensch-Sein. Seine von Gott geschenkten Fähigkeiten und Talente kann und soll er in den Arbeitsprozess einbringen. Dieses „Mit-Gott" setzt sich fort im Miteinander der Menschen. Die Arbeit wird zur Schule der Geschwisterlichkeit. Dieses Miteinander in der Gestaltung der Welt umschließt nach dem Plan Gottes alle Menschen ohne Ausnahme – Arbeitnehmer und Arbeitgeber.

Der Arbeitsplatz des Diakons ist neben der Familie der wichtigste Wirkungsort des Diakons. Ob als Arbeitnehmer oder in der Funktion der Leitung eines Betriebes, als Selbstständiger oder als Angestellter: Hier wird der Diakon das umsetzen, was er verkündet. An seinem Arbeitsplatz ist er ein Mann der Kirche und gleichzeitig der Arbeitskollege. Hier treffen Diakone auf Menschen unterschiedlichster Religionen und Weltanschauungen, verschiedener Vorbildung und unterschiedlicher sozialer Stellung. Durch eine klare Positionierung erwirbt er emotionale und soziale Kompetenz und kann so den Geist und das Klima eines Betriebes wesentlich mitbestimmen. Durch sein eigenes Verhalten kann er die Einstellung zur Arbeit als Mitwirken und

Gestalten der Schöpfung Gottes mitentscheiden und so deutlich machen, dass Arbeit nicht nur dem Gelderwerb dient. Am Arbeitsplatz hat der Diakon die Möglichkeit, Gott und die Kirche zu den Menschen zu bringen.

So birgt das Zeugnis als Diakon in einem Zivilberuf – aber auch als pastoraler Mitarbeiter innerhalb der Kirche oder als Lehrer in einer Schule – viele Chancen für seinen Dienst. Er ist am Puls der Zeit, wenn er sich auf die Fragen der Menschen einlässt und versucht, die Zeichen der Zeit zu erkennen und zu deuten. Er lernt am Arbeitsplatz viel über den Umgang mit Menschen und deren Familiensituation, findet viele Chancen der Vertrauensbildung vor. Als Kollege und Kumpel wird er hineingezogen in wirtschaftliche und soziale Probleme von Menschen, die zum Beispiel um ihren Arbeitsplatz bangen etc. Hier hat der Diakon die Chance, sich selbst und die Mitarbeiterinnen und Mitarbeiter wertschätzend zu vertreten. Der zivile Arbeitsplatz des Diakons ist jener Ort, an dem er umzusetzen versucht, was er durch sein Wesen als geweihter Amtsträger verkündet. So wird er für seine Kollegen zum Ansprechpartner für viele kirchliche und gesellschaftliche Fragen. Der Diakon wird als Mann der Kirche wahrgenommen und gleichzeitig als Arbeitskollege geschätzt. Andererseits ist der Dienst des Diakons durch seine weltlichen Erfahrungen in der Berufswelt spirituell geerdet. Die Erfahrung zeigt, dass jene Diakone, die bereits im Ruhestand sind, für ihre ehemaligen Arbeitskollegen vielfach Ansprechpartner bleiben.

5.3 Erfahrungen von Diakonen im Zivilberuf

In einer im Jahr 2014 unter den Ständigen Diakonen Österreichs durchgeführten Befragung wird die Verbindung zwischen beruflicher Tätigkeit und Diakonat positiv dargestellt. Die Antworten der Diakone auf die Frage nach den Chancen des Diakons in einem Betrieb sprechen für sich:

- „Ich bin als Diakon sicher eine Herausforderung für die Kollegen, für manche ein Hoffnungszeichen."
- „Ich habe seelsorgliche Dienste in der Firma übernommen, Feiern und Feste spirituell zu gestalten."
- „Ich versuche im Geiste Jesu zu leben und so den Menschen zu dienen, indem ich als Vorbild auch gegenüber den Vorgesetzten in ehrlicher und sachlicher Kritik standhalte."

- „Ich versuche, als Bauer regional und nachhaltig die mir anvertraute Welt und Schöpfung zu gestalten, und bemühe mich zu dienen, wo dies gefragt ist oder wo ich Positives bewirken kann."
- „Wichtig ist mir das Eintreten für die Schwachen und Ausgegrenzten durch ein offenes Ohr für die Anliegen der Menschen. In den vielen Gesprächen und Besuchen bemühe ich mich, offen zu sein und den Kollegen ohne Vorurteile zu begegnen."
- „In den Begegnungen keine Unterschiede machen, einfach da sein bei den Menschen und wenn es die Solidarität fordert, für die Menschen eintreten."
- „Nicht aufdringlich, ganz bescheiden, aber bewusst als Diakon da sein, offen und bereit für die Anliegen der Menschen."
- „Wichtig ist es, authentisch zu sein und zu bleiben und auch die Spannung auszuhalten, indem ich so offen wie möglich zur Berufung stehe, ohne andere ständig zu beeinflussen. Es ist nicht leicht, den Posten als Personalchef und den Diakonat zu verbinden, die Not der Einzelnen zu erkennen. Ich verstecke mich nicht und versuche den aufrechten Gang, indem ich besonders aufmerksam bin für die Bedürfnisse der Arbeitskolleginnen und -kollegen. In ganz normalen Alltagssituationen sollen die Menschen merken, dass ich Christus in ihnen sehe, indem ich ihnen diene."
- „Wichtig ist, dass ich locker ohne Missionierungszwang bin und bleibe, denn Taten der Liebe können mehr sein als viele Worte."
- „Bereit sein, Fehler zugeben; den Anderen ernst nehmen, zuhören und um Fairness besorgt sein. Ich versuche, meinen Diakonat so zu leben und zu gestalten, ohne aufdringlich zu sein – einfach da sein, wo ich gebraucht werde."[102]

Ein Diakon als Mitarbeiterbegleiter[103]

Karl Mayer ist Diakon im Zivilberuf und bei der Firma Leitz in Oberösterreich tätig. Er berichtet im „Ruf!Zeichen", der Diakonenzeitung Österreichs, von seinem diakonalen Wirken in seinem Betrieb. Begonnen hat es im Oktober 2004 mit einer anonymen Mitarbeiterbefragung im Rahmen

---

102 Vgl. Erhebung des IST-Standes der Ständigen Diakone Österreichs. Fazit veröffentlicht in Ruf!Zeichen, Jahrgang 16, Dezember 2014, 4

103 Im Kommunikationsorgan der Diakone, dem „Ruf!Zeichen", gab es immer wieder Beiträge von Diakonen, die selbst in der Betriebsseelsorge oder in leitenden Funktionen in einer Firma tätig sind.

der betrieblichen Gesundheitsförderung. Das Ergebnis bestätigte, dass im Betrieb auch im zwischenmenschlichen, kommunikativen Bereich der Wunsch nach Verbesserungen da war. Ein Gespräch mit einem anderen Diakon ermutigte Karl, in seiner Firma eine betriebliche Problemanlaufstelle einzurichten. Im Gespräch mit der Geschäftsleitung, der Personalentwicklung und dem Betriebsrat wurde das Vorhaben unter dem Titel „Mitarbeiterbegleitung“ umgesetzt und ab 2005 für ein Jahr probeweise eingerichtet. Seit Juni 2006 ist „Mitarbeiterbegleitung“ bei Leitz eine fixe Einrichtung.

Karl Mayer weiß es aus eigener Erfahrung: „Jeder, der täglich seine Stunden in einem Betrieb verbringt, weiß, welch rauer Wind weht. Immer schneller, immer besser, immer mehr. (…) Bleibt der Mensch dabei auf der Strecke? Wie geht es der Seele? Genau darum geht's in der Mitarbeiterbegleitung.“ „Ich bin bemüht“, so Diakon Mayer, „um ein gutes Arbeitsklima im Unternehmen. Es geht dabei um ein faires Miteinander am Arbeitsplatz. Das ist nicht immer leicht. Konflikte gehören zum Arbeitsalltag. Konkret heißt das, möglichst nahe bei den Menschen zu sein. Augen und Ohren öffnen, zuhören, ermutigen, trösten … Gesprächsbegleitung anbieten. Konflikte einer Lösung zuführen, kanalisieren, Konfliktparteien unterstützen, miteinander ins Gespräch kommen und in einer friedlichen, fairen und offenen Kommunikation einen Einigungsprozess zu fördern mit dem Ziel, eine von allen akzeptierte Lösung zu finden.“ So erlaubt es seine Rolle als Diakon, ausgleichend und aufklärend zu sein. Als Begleiter ist er ja in seiner Funktion autonom. Zu seiner Tätigkeit gehört auch die Begleitung von nahen Angehörigen in extremen Krisensituationen wie dem plötzlichen Unfalltod eines Mitarbeiters oder die Begleitung in schwierigen Lebenssituationen.

Karl Mayer ist auch in der Lehrlingsausbildung und in der Präventionsarbeit tätig: Er berichtet, dass in seiner Firma mit Schwerpunkt Werkzeugbau mit über 600 Beschäftigten die Lehrlingsausbildung einen hohen Stellenwert hat und ein Aushängeschild der Firma ist. Ein erfolgreiches Unternehmen braucht kluge Köpfe und geschickte Hände. Heranwachsende Menschen haben viele Fragen, wie er aus seiner beruflichen Tätigkeit weiß. Die von ihm geleitete Mitarbeiterbegleitung soll helfen, schwierige Situationen bereits im Vorfeld so weit wie möglich zu erkennen, um Spannungen abzubauen und brauchbare Lösungen zu erarbeiten. Er hat mit der Firmenleitung verschiedene Präventionsprogramme entwickelt, welche gezielt eingesetzt werden. So werden zum Beispiel Lehrlinge in Bezug auf Alkohol und Drogen sensibilisiert. Gemeinsam mit dem Betriebsarzt und der Exekutive werden Vorträge durchgeführt und Beratung angeboten. Wegen der in so großen Betrieben gegebenen körperlichen und seelischen Belastungen werden den Mitarbeiterinnen und Mitarbeitern Kurse angeboten, die die Kommunikations- und Stressbewältigungskompetenzen fördern.

Im Rahmen der Tätigkeit Karl Mayers als Mitarbeiterbegleiter wird für die verstorbenen Mitarbeiterinnen und Mitarbeiter alle zwei Jahre gemeinsam mit der Belegschaft und den Angehörigen eine heilige Messe gefeiert. Seine Lehrlinge haben dazu eigens ein Kreuz angefertigt, das im Rahmen einer solchen Messe von Altbischof Maximilian Aichern gesegnet wurde. Diese Mitarbeitergottesdienste finden bei der Belegschaft großen Anklang. Dabei ergeben sich für ihn als Diakon viele neue Kontakte und interessante Gespräche. Zu seiner Tätigkeit gehören auch die Vorbereitung und Feier von Taufen und Trauungen, soweit es gewünscht wird. Hier versucht Diakon Mayer den Brückenschlag zwischen der Kirche und den Beschäftigten in einem für sie wichtigen Lebensbereich.

Karl Mayer hat im Jahr 2009 eine Mitarbeiterbefragung durchgeführt, die Aufschluss darüber bringen sollte, wo die Kollegen der Schuh drückt. Hier fanden sich auch Fragen, die über die Interessen der Firma hinaus für menschliches Sein und Zusammenleben wichtig sind. Durch die viele Zeit, die der Mensch mit seiner Kreativität und Lebenskraft in die Wirtschaft einbringt, ist es wichtig, dass die „Kultur des Miteinander im täglichen Leben“ und in der Familie gelingt. Gerade in wirtschaftlich schwierigen Zeiten ist es für die Menschen enorm wichtig, dass alle im Unternehmen Beschäftigten erfolgreich und vor allem nachhaltig motiviert sind. In seiner Firma ist die Betriebsleitung nicht nur an der Arbeitskraft der Menschen interessiert, sondern will mit der Bestellung eines Mitarbeiterbegleiters ein Zeichen setzen, dass sich ausgeglichene und motivierte Personen auch positiv im Firmenumfeld auswirken. Kompetenz, Zuverlässigkeit und Präzision im Bereich der Spitzenqualität im Werkzeugbau verdankt die Firma nicht nur der betriebseigenen Forschungsabteilung, sondern einem wertschätzenden Umgang mit der Belegschaft. Karl Mayer leistet dazu in der von ihm angebotenen Mitarbeiterbegleitung einen wichtigen Beitrag.[104]

---

104 Vgl. Karl Mayer, Mitarbeiterbegleitung bei Leitz. In: Ruf!Zeichen, Jahrgang 10, 2009, 4–5

Ein Diakon in der Krankenhausseelsorge

„Das Klinikum Wels-Grieskirchen mit knapp 4.000 MitarbeiterInnen und mehr als 1.000 PatientInnen ist eine Stadt in der Stadt. Es ist ein bunter Mix aus Nationalitäten, Religionen, Ideologien und Sprachen. Mit medizinischen, pflegenden und therapeutischen Berufen bildet das interreligiöse Team der Seelsorge einen wichtigen Beitrag in Kommunikation, Emotion und Spiritualität."[105] So charakterisiert Herbert Mitterlehner diesen Großbetrieb, in dem er als Krankenhausseelsorger tätig ist. Sein Bericht im „Ruf!Zeichen" schildert eine berührende Szene aus seinem Berufsalltag:

> „Während eines Nachtdienstes ruft mich kurz nach Mitternacht eine Diplomkrankenschwester an und bittet für einen Patienten um die Kommunion. Ich komme in das Zimmer und begegne einem Mann Mitte 50 – ohne festen Wohnsitz. Er bedankt sich für mein nächtliches Kommen und setzt mit den Worten ‚... I woa oiwei a Hoderlump' fort und erzählt dann rund eineinhalb Stunden aus seinem Leben. Sein Erzählen mündet im gemeinsamen Beten. Ich teile für uns die mitgebrachte Kommunion und wir feiern gemeinsam ‚unser nächtliches Mahl'. Nach einem abschließenden Gebet und dem Segen nehme ich noch einmal an seinem Bett Platz und wir wissen uns beide von der Stille getragen. Nach etwa einer halben Stunde greift er nach meiner Hand und erinnert sich aus seiner Kinderzeit an das Lied ‚Der Heiland ist erstanden'. Ich beginne zu singen und mein nächtlicher Patient brummt irgendwie mit. Er wird immer leiser und gegen Ende der zweiten Strophe macht er seinen letzten Atemzug. Ich bleibe noch bei ihm, bis die Nachtdienstschwester ins Zimmer kommt und wir gemeinsam ‚sein Leben' dem barmherzigen Vater übergeben. Allein diese eine Nacht würde für meinen Lebenssinn ausreichen. Manchmal ist alles, was wir tun können, einen Menschen auf seinem letzten Weg zu begleiten. Eine Lebensgeschichte bekommt ein neues Ansehen, eine neue Würde, wandelt sich zum Guten."[106]

Herbert Mitterlehners Arbeitsauftrag als Diakon und Krankenhausseelsorger sind die Patienten, aber auch als Ansprechperson für die vielen Mitarbei-

105 Herbert Mitterlehner, In der Krankheit gereift zu einem Ja zum Leben. In: Ruf!Zeichen, Jahrgang 15, Juni 2013, 6

106 Ebd., 6

terinnen und Mitarbeiter im Krankenhaus ist er gefordert. „Wenn Menschen ins Krankenhaus kommen, dann verändert sich ihr Leben. Sie befinden sich in einem Ausnahmezustand, vielleicht sogar an der Schwelle eines Lebensumbruchs. Lebensillusionen, die oft den Alltag prägen, haben im Krankenhaus keinen Platz. Niederschmetternde Diagnosen, Ohnmachtsgefühle, Sinnverlust, Zweifel und andere Umstände bringen das Leben ins Wanken – und manchmal auch auf den Punkt. Es gibt kein Wenn und Aber. Das Dasein, Zuhören und Mitaushalten durch die Seelsorgerinnen und Seelsorger eröffnen oft einen Perspektivenwechsel – und mitunter eine Wandlung.“[107]

Diese wenigen Beispiele geben einen kleinen Einblick in die vielfältigen Aufgabenbereiche Ständiger Diakone und verdeutlichen die Wichtigkeit ihrer Präsenz in der Gesellschaft.

107 Ebd., 6

6. BERUFUNG, AUSBILDUNG UND WEIHE DES DIAKONS

Schon in der ersten Österreichischen Rahmenordnung aus dem Jahr 1988 werden nicht nur die Positionierung des Diakonats mit den Normen für Kandidatur, Ausbildung und Weihe sowie die Rechte und Pflichten des Ständigen Diakons, sondern im Anhang auch eine Ausbildungsordnung für Österreich („Wiener Modell") detailliert vorgelegt, um eine einheitliche Ausbildung des Weihestandes zu gewährleisten. Die Österreichische Rahmenordnung und die Ausbildungsordnung bauen bereits auf die ersten Erfahrungen mit den Ständigen Diakonen in Österreich auf. Sie wurden nicht am grünen Tisch erstellt, sondern die Verantwortlichen der Ausbildung in den Diözesen, Ständige Diakone und Ehefrauen waren in die Abfassung der Rahmenordnung eingebunden. Da die Diözesanbischöfe für die Ausbildung und Begleitung der Diakone zuständig sind, wurde diese bewusst „Rahmenordnung" genannt, um einerseits den Diözesen ihren Freiraum zu lassen und andererseits die Verbindlichkeit der Kriterien, z. B. Dauer der Ausbildung, Zulassungskriterien etc., festzulegen. Die Verfasser der Rahmen- und Ausbildungsordnung luden zur Erstellung auch Fachtheologen und Referenten aus Deutschland ein, um die vorhandenen Erfahrungen und gleichzeitig ein gutes Fundament für eine Ausbildung für die zukünftigen Diakone festzulegen. Hier galt es einerseits, bei den vorhandenen Kompetenzen der Bewerber, den in der Familie, im Beruf und im sozialen Engagement gegebenen Charismen anzusetzen und den Bewerbern in den Jahren der Ausbildung in der Form eines mehrjährigen „Diakonenseminars" das mitzugeben, was für eine fruchtbare Ausübung des zukünftigen Weiheamtes wichtig ist. Die Jahre der gemeinsamen Ausbildung sollten sie auf die sehr verschiedenen pastoralen Situationen und Herausforderungen gut vorbereiten. Obwohl der Ständige Diakonat in den meisten Fällen ehrenamtlich ausgeübt wird, wurde eine qualitativ hochwertige theologische, pastorale und praktische Ausbildung angestrebt, um gegenüber den anderen, meist hauptamtlichen kirchlichen Diensten wie den Pastoralassistenten bestehen zu können.

6.1 Zulassungs- und Ausbildungskriterien

In der am 20. Februar 2010 von Rom bestätigten, aktualisierten Österreichischen Rahmenordnung wird festgehalten: „Der Entschluss, die Ausbildung zum Diakonat zu beginnen, kann sowohl durch die Initiative des Bewerbers selbst erfolgen oder auf Vorschlag des zuständigen Pfarrers oder des Oberen der Gemeinschaft, welcher der Bewerber angehört. In jedem Fall muss der Entschluss aus freien Stücken erfolgen."[108]

In der Rahmenordnung wird auch festgehalten, dass der Diözesanbischof oder der Ordensobere über die Zulassung zur vorbereitenden Phase entscheidet und die Zulassung der Befürwortung durch den Pfarrer bzw. den Ordensoberen bedarf. Weiters wird an die vom Ausbildungsleiter im Auftrag des Bischofs geleitete Vorbereitungszeit eine geistliche Begleitung des Bewerbers geknüpft, der rechtzeitige Kontakt mit den Familien der Bewerber betont sowie die Aufforderung festgehalten, dass nach Möglichkeit die Ehefrauen in die vorbereitende Phase einbezogen werden.

Der Inhalt des Vorbereitungsprogramms „soll auf die menschliche, geistliche, theologische und pastorale Dimension des Diakonates vorbereiten. (...) Damit die Ehefrauen und die Kinder den Dienst der Diakone als Bereicherung ihres gemeinsamen Lebens erfahren können und damit sie den Dienst unterstützen können, sollen die Ehefrauen und auch die Kinder in die Ausbildung einbezogen werden und ggf. Teile der Ausbildung mitmachen. Die Verbindung zwischen Weihesakrament und Ehesakrament, von Dienstamt und Familienleben, stellt ja einerseits eine Bereicherung, andererseits aber auch eine besondere Herausforderung dar. Entsprechendes gilt auch für die Einbindung der Pfarrgemeinden."[109]

---

108 Österreichische Bischofskonferenz (Hg.), Der Ständige Diakonat. Österreichische Rahmenordnung, Wien 2010, Kapitel 5.1

109 Ebd., Kap 5.2 und 5.3

6.2 Ausbildung als Vorbereitung auf das Dienstamt

Vor der Absolvierung des eigentlichen Ausbildungsprogramms wird ein theologisches Studium vorausgesetzt. Für den Bereich der Österreichischen Bischofskonferenz bedeutet dies mindestens die Absolvierung des Theologischen Fernkurses. Vor dem Beginn des Ausbildungsprozesses müssen mindestens zwei Drittel der Prüfungen positiv abgelegt sein. Die Ausbildungszeit beträgt mindestens drei Jahre und wird in den meisten Diözesen von einem für die Ausbildung vom Bischof beauftragten Priester oder Diakon geleitet. Sie soll auf die zukünftige Tätigkeit des Ständigen Diakons ausgerichtet sein. Das Ausbildungsprogramm will auf die menschliche, geistliche, theologische und pastorale Dimension des Diakonates vorbereiten. Vor Beginn des Eintritts in eine Ausbildung oder in ein Diakonenseminar, wie es in einigen Diözesen genannt wird, muss auch der zuständige Pfarrer bzw. Pfarrgemeinderat seine Zustimmung geben. Der Kandidat selbst braucht auch von einigen Personen eine schriftlich verfasste Befürwortung.

Damit die Ehefrau und die Kinder den Dienst der Diakonie tatsächlich als Bereicherung des gemeinsamen Lebens in der Familie erfahren können, ist mehr als nur die schriftliche Zustimmung der Ehefrau zur Weihe ihres Mannes notwendig. Die Ehefrauen absolvieren bestimmte Teile der Ausbildung gemeinsam mit ihren Ehemännern und sind damit aktiv in den Ausbildungsvorgang eingebunden – eine besondere Herausforderung für das Zeitmanagement der Familie!

Gott ist es, der zu einem kirchlichen Dienstamt beruft, so auch bei der Berufung zum Diakon. Dies ist die Voraussetzung für die Erwählung durch die Kirche. Die Erfahrung, für den Dienst des Ständigen Diakons berufen zu sein, muss daher gemeinsam mit dem Ausbildungsleiter genau geprüft werden. Andererseits braucht es die Feststellung der dafür Verantwortlichen, die Erwählung durch die Kirche. Nach der Prüfung der Bewerbung anhand von konkreten diözesanen Kriterien durch den Ausbildungsleiter im Auftrag des Bischofs kann der Kandidat in den Bewerberkreis aufgenommen werden. Folgende Kriterien sind vorgegeben:

- Im Bereich der Spiritualität werden eine persönliche Christusbeziehung, ein lebendiges Gebetsleben und Ansätze einer eigenen Spiritualität sowie die Bereitschaft zum christlichen Lebenszeugnis erwartet. Es müssen auch ein Ansatz eines Berufungsbewusstseins und eine Bereitschaft zur Reflexion der spirituellen Herkunft vorhanden sein.

- Es muss eine dem Alter entsprechende Persönlichkeitsstruktur gegeben sein, aber auch die Bereitschaft, sich auf Neues einzulassen, sowie eine physische und psychische Belastbarkeit werden erwartet. Die Freiheit von Süchten und Abhängigkeiten ist ebenso Voraussetzung wie eine integrierte Sexualität und Identität. Teamfähigkeit, Selbstständigkeit und Konzeptfähigkeit sowie ein realistisches Selbstbild mit einer Offenheit für Menschen und eine Beziehungsfähigkeit, die Kreativität und ein Gefühl für Distanz und Nähe einschließt, müssen ebenso gegeben sein.
- Für verheiratete Bewerber ist die Bewährung in der Ehe und im Umgang mit Kindern ein Kriterium, für zölibatär Lebende ein rechter Umgang mit der eigenen Lebensform. Es wird auch die Bewährung im Zivilberuf sowie eine Liebe zur Kirche erwartet.[110]

6.3 Dimensionen der Ausbildung zum Ständigen Diakon

Die Ausbildung der Ständigen Diakone umfasst nach der österreichweit gültigen Rahmenordnung für die Ausbildung der Kandidaten (2010) folgende Dimensionen:

Die *menschliche Bildung* hat die persönliche und charakterliche Bildung im Fokus:

> „Die menschliche Bildung hat das Ziel, die Bewerber und Kandidaten so zu formen, dass sie anderen die Begegnung mit Christus ermöglichen und dafür nicht zum Hindernis werden. Diese Menschenbildung zielt auf Tugenden wie Wahrheitsliebe, Aufrichtigkeit, Achtung vor jedem Menschen, Gerechtigkeitssinn, Einhaltung des gegebenen Wortes, Mitgefühl, konsequenter Lebensstil, Ausgewogenheit im Urteil und Verhalten ab. Besonders wichtig sind für Diakone Kommunikations- und Kontaktfähigkeit, verbunden mit einem hohen Maß an affektiver Reife."[111]

110 Ebd., Kap. 4.1–4.3
111 Ebd., Kap. 5.31

Die *spirituelle Formung* zielt auf geistliches Wachstum:

> „Ausgehend von einer grundsätzlichen Besinnung auf die Konsequenzen aus Taufe und Firmung steht im Mittelpunkt der spirituellen Übungen das Wachsen in der Liebe, die stets zu neuer Hingabe an Gott und die Menschen führen soll. Entsprechend einer Spiritualität des Dienens sollen die Bewerber und Kandidaten lernen, die Kirche auch in ihrer irdischen Gestalt anzunehmen, wenn auch nicht ohne die notwendige Fähigkeit zu auferbauender Kritik. In einer ‚Schule des Betens' sollen sie nicht nur in die Praxis des Stundengebets eingeführt werden, sondern ebenso in die verschiedensten Formen des freien und geprägten Gebets sowie des geistlichen Lebens."[112]

Die *theologische Ausbildung* gilt als Voraussetzung für den Eintritt in den spezifischen Ausbildungsvorgang:

> „Vor der Absolvierung des eigentlichen Ausbildungsprogramms ist eine theologische Grundausbildung zu verlangen, die für den Bereich der Österreichischen Bischofskonferenz mindestens die Absolvierung des ‚Theologischen Fernkurses' vorsieht. Bereits bestehende theologische oder religionswissenschaftliche Institute und Einrichtungen in den Regionen sollen für die Diakonenausbildung genutzt werden, nicht zuletzt, um dort ebenfalls österreichweite Lehrgänge für Bewerber und Kandidaten durchzuführen. Auf Grundlage des Katechismus der Katholischen Kirche sind folgende zwei Dimensionen der lehrmäßigen Ausbildung zu vermitteln: Eine grundlegende Kenntnis im Bereich der theologischen Hauptfächer und die Befähigung, über den eigenen Glauben Rechenschaft abzulegen. Ausreichende Kenntnis über die Gesellschaftsverhältnisse und ihre Veränderungen sowie die Befähigung zur angemessenen Inkulturation des Evangeliums."[113]

Die *pastorale Ausbildung* legt ihren Fokus auf die Seelsorgebereiche, in denen die zukünftigen Diakone tätig sein werden:

112 Ebd., Kap. 5.32
113 Ebd., Kap. 5.33

> „Für die Diakone wird besondere Aufmerksamkeit auf die eigentlich diakonalen Bereiche gelegt.
> Die liturgische Praxis: die Feier der Sakramente und Sakramentalien, der Dienst am Altar.
> Die Praxis des Verkündigungsdienstes: Einübung in Glaubensgespräche, Katechese, Vorbereitung auf den Sakramentenempfang, Predigt. (…)
> Die Praxis der Caritas: konkrete Einsätze im kategorial-karitativen Bereich; konkrete Einsätze für soziale Gerechtigkeit und Barmherzigkeit.
> Einübung in die Praxis des Seelsorgegesprächs und Praktika in den diakonalen Strukturen im pfarrlichen Bereich.
> Einübung in den Dienst des Aufbaus der christlichen Gemeinschaft: Leitung von Familiengruppen, Bibelrunden, Gebetskreisen, kleinen Gemeinschaften und Gruppen von kirchlichen Bewegungen.
> Entfaltung eines missionarischen Bewusstseins und Einübung in die Praxis der verschiedenen Formen lebendiger Glaubensvermittlung.
> Einübung in Mediation und Konfliktlösung im Dienste von Heilung und Versöhnung. Ausreichende Kenntnis im Bereich der Kommunikationstechnik und Gruppenleitung.“[114]

Im Kirchenrecht ist festgehalten, dass, bevor die Weihe zum Ständigen Diakon erteilt wird, der Kandidat die Dienste des Lektors und des Akolythen übernommen und eine Zeit lang ausgeübt haben muss.[115]

6.4 Zulassung zur Weihe

Die Zulassung zur Weihe ist in der Österreichischen Rahmenordnung folgendermaßen geregelt:

> „Die Diakonenweihe darf erst erteilt werden, wenn die Ausbildung erfolgreich abgeschlossen ist und die schriftliche Zustimmung der Ehefrau vorliegt. (…) Womöglich sollte auch die Einsatzpfarre oder ein bestimmter kategorialer Dienst feststehen. Der Kandidat muss dem Bischof … eine eigenhändig abgefasste und unterschriebene Erklärung übergeben,

114 Ebd., Kap. 5.34
115 Vgl. Can. 1035 § 1 CIC

die bekundet, dass er von sich aus und frei die heilige Weihe empfangen möchte und sich dem kirchlichen Dienst für immer widmen will, zugleich hat er um Zulassung zum Weiheempfang zu bitten. Der Bischof wird nach Anhörung der Ausbildungsverantwortlichen und persönlicher Überprüfung der Eignung des Kandidaten (Scrutinien) über die Zulassung zur Weihe entscheiden.
Nachdem die Kandidaten spezielle geistliche Exerzitien von wenigstens fünf Tagen absolviert haben und das Glaubensbekenntnis mit dem Treueeid feierlich vor dem Bischof oder seinem Vertreter unterschrieben haben, darf die Weihe gespendet werden. (...) Die Weihe selbst, die nach dem Ritus des Pontificale Romanum vollzogen werden muss, soll an einem Sonn- oder entsprechenden Feiertag in der Kathedralkirche oder in der (Pfarr-)Kirche des Ortes stattfinden, in dem der Weihekandidat wohnt bzw. wirken wird. Den Ehefrauen und Kindern der Kandidaten soll im Verlauf dieser Feier besonderes Augenmerk gelten und Raum für die Mitgestaltung zukommen."[116]

6.5 Weiheliturgie[117]

Das Wirken des Ständigen Diakons ist eingebettet in den Dienst, in Gemeinschaft mit dem Bischof und den Priestern die Sorge um das Wohl des christlichen Volkes mitzutragen. Es geht dabei um eine „selbstlose Hingabe", um das „anvertraute Volk Gottes", zu dem der Diakon in seiner Form beitragen soll. „Selbstlos" meint nicht das Aufgeben der eigenen Identität, sondern eine Haltung, die sich nicht ausschließlich am eigenen Wohl orientiert, sondern das Wohl der Gemeinschaft zum Ziel hat.

Das Weihesakrament wird durch Handauflegung und Weihegebet des Bischofs gespendet. Es folgt die Ankleidung mit Stola und Dalmatik sowie die Übergabe des Evangeliars. Das öffentliche und freiwillige Weiheversprechen des Weihekandidaten stellt den rechtsverbindlichen Akt der Weihe dar.

---

116 Rahmenordnung 2010, Kap. 6
117 Vgl. Pontificale Romanum, Die Weihe der Bischöfe, der Priester und der Diakone, Trier [2]1994

Vorstellung und Befragung der Kandidaten

Am Beginn der Weiheliturgie stellt der Ausbildungsleiter die Kandidaten vor. Danach stellt der Bischof dem Zuständigen für die Ausbildung die Frage: *Weißt du, ob sie würdig sind?* Die Antwort des Ausbildungsleiters: *Das Volk und die Verantwortlichen wurden befragt; ich bezeuge, dass sie für würdig gehalten werden.*

Folgende Fragen werden an die Kandidaten vor der Weihe (sowie auch bei jeder Erneuerung des Weiheversprechens) gestellt:

Seid ihr bereit, in selbstloser Hingabe zur Unterstützung des Bischofs und der Priester den Dienst des Diakons zum Wohl des christlichen Volkes auszuüben?

Selbstlos kann der Diakon nur sein, wenn er sich selbst annimmt und schätzt, denn erst dann kann er es wagen, dieses „Selbst" auch loszulassen, um für andere einstehen zu können. In dieser ersten Frage wird die Bereitschaft zur Teamarbeit und zur Sorge um die Einheit unter den Seelsorgern gefordert. Die Bereitschaft für ein gemeinsames Bemühen um die Einheit, das vom richtigen Geist getragen sein muss. Die Sorge um die Einheit darf nicht dem Bischof oder den Priestern überlassen werden, auch wenn diese die Leitung über haben. Es geht darum, die Vielfalt der Charismen zu bündeln, damit der pastorale Dienst zum Wohle des ganzen christlichen Volkes ausgeübt werden kann. Die nächste Frage lautet:

Seid ihr bereit, den Schatz unseres Glaubens – wie der Apostel sagt – treu zu hüten und diesen Glauben gemäß dem Evangelium und der Überlieferung der Kirche in Wort und Tat zu verkünden?

Es wird den Diakonen anvertraut, den „Schatz des Glaubens" zu heben und fruchtbar zu machen. Bei keiner anderen Weihe in ein geistliches Amt wird die Bereitschaft zum Hüten und Verkünden des Glaubensschatzes so ausdrücklich gefordert wie bei den Diakonen. Hüten heißt nicht abkapseln, eher: das Feuer hüten, damit es anderen leuchtet und sie wärmt. Den Diakonen ist es aufgetragen, achtzugeben, dass die Glut nicht ausgelöscht wird, das heißt die Glut zu pflegen, damit das Feuer wieder sichtbar wird und lebendig bleibt. Um das Feuer lebendig zu halten, dürfen wir nicht den Ofen dichtmachen, sondern müssen das lebendige Feuer schüren. Das Feuer des Glaubens zu hüten kann auch bedeuten, sich um die vielen lebendigen christlichen Zellen zu kümmern, wo die Glut des Feuers glimmt und neu entfacht werden soll. So gehört es zum Wesenskern des Diakonates, Hüter des Schatzes des Glaubens zu sein und dies als lebendiges Zeichen in Wort und Tat.

Weiters werden Diakone vor der Weihe über ihre Bereitschaft, aus dem Geist der Innerlichkeit und des Gebetes zu leben, gefragt:

Seid ihr bereit, aus dem Geist der Innerlichkeit zu leben, Männer des Gebetes zu werden und in diesem Geist das Stundengebet als euren Dienst zusammen mit dem Volk Gottes und für dieses Volk, ja für die ganze Welt in Treue zu verrichten?

Das „Ja" des Kandidaten stellt die Priorität des Lebens aus der Innerlichkeit im Leben des Diakons fest und verpflichtet zu einem lebenslangen Mittragen des Gebetes der Kirche für alle Menschen und die ganze Welt. Aus dem Geist der Innerlichkeit zu leben heißt klar und deutlich, sich nicht dem Geist der Welt, dem Geist des Erfolges oder einer weltlichen oder geistlichen Macht zu unterwerfen, sondern Gott den ersten Platz im Leben und Handeln zu geben. Wenn auch im Dienen in erster Linie ein karitatives Handeln gesehen wird, zeigt sich hier die Priorität des Gebetes und das Handeln als Frucht des Gebetes. Das Gebet wird als Form des Dienens von den Diakonen eingefordert, und zwar nicht vom Einzelnen im stillen Kämmerlein, sondern als Dienst zusammen mit den Gläubigen, den uns anvertrauten Menschen. Das Dienen durch das Gebet der Kirche soll zur lebendigen Kultur des Gottesvolkes werden. Dabei ist ein wichtiger Schritt, die Menschen im Gebet vor Gott hinzutragen. Es gilt, alle Menschen und die ganze Welt im Gebet vor Gott hinzubringen, indem die Diakone die Menschen – wie Jesus – an ihrem Gebet, an der Beziehung mit Gott, dem Vater, teilhaben lassen. Die Bereitschaft spricht davon, „Männer des Gebetes zu werden". „Werden" enthält eine Entwicklung und macht deutlich, dass Gebet und Innerlichkeit nicht einfach da sind, sondern als Aufgabe mit der Weihe angenommen werden. Dieses Versprechen enthält noch eine Herausforderung an den Kandidaten. Es geht um den Geist der Innerlichkeit: Hier kommt mir der Satz aus der Offenbarung des Johannes in den Sinn: ein Auftrag an den Diakon, „zu hören, was der Geist" jedem von uns und durch uns „den Gemeinden sagt" (Offb 2,7). Diakone sind herausgefordert, dieses innere Hören auf den Heiligen Geist und die Freude am zugesagten Geist Gottes in die Gemeinden einzubringen. Das bedeutet in erster Linie, auf den Geist zu hören. Die beruflichen und gesellschaftlichen Erfahrungen, die die Diakone mitbringen, machen Mut, Räume zu schaffen, in denen die Transzendenz und die Nähe Gottes erfahrbar werden.

Eine weitere, wesentliche Frage nach der Bereitschaft, den Ärmsten und Ausgegrenzten der Gesellschaft zu dienen, wird vom Bischof an die Kandidaten gestellt:

Seid ihr bereit, den Armen und Kranken beizustehen und den Heimatlosen und Notleidenden zu helfen?

Diese Frage führt von der Innerlichkeit, von der Innenseite, zur Außenseite, vom Gebet zur Tat. Der Diakon ist berufen, den Blick auf die Sorgen und Nöte der Einzelnen zu lenken und die Netze der Solidarität aufzuspannen. Wir müssen uns laut dieser Selbstverpflichtung in den konkreten Dienst an den Heimatlosen heute stellen, seien es die in unserem Land Heimat Suchenden oder die vielen Menschen auf der Suche nach einer spirituellen oder emotionalen Beheimatung. Im Zeitbudget des Diakons muss auch der Dienst an den Menschen, die nicht mehr von selbst zu uns kommen können, Raum und Priorität haben. Auch die vielen Menschen, die sich in der liebenden Fürsorge und Pflege für ihre Angehörigen zur Verfügung stellen, dürfen nicht allein gelassen werden. Sie sollen durch die Seelsorger wertschätzend ermutigt und geistlich begleitet werden. In jeder Pfarre gibt es viele Charismen in Bezug auf die Sorgen und Nöte der Menschen und auch genug Menschen, die bereit sind, dafür Zeit und Kraft aufzuwenden. Es gilt sie anzusprechen, sie zu ermutigen, Verantwortung wahrzunehmen. Eine wichtige Aufgabe ist es aber auch, diese Menschen in ihrem Dienst zu begleiten und ihnen geistlichen Zuspruch und Ermutigung zu geben, so auch denen, die in Caritasausschüssen oder in den konkreten Diensten der Armenfürsorge tätig sind. Die letzte Frage des Bischofs an die Weihekandidaten lautet:

Seid ihr bereit, nach dem Bild und Beispiel Christi, dessen Leib und Blut euch zur Ausspendung anvertraut wird, euer eigenes Leben zu gestalten?

Leben nach dem Bild und Gleichnis Christi bedeutet ihn kennen, ihn in mir lebendig werden lassen. Die tägliche Schriftlesung kann sein Bild in mir reifen und wachsen lassen.

Überreichung des Evangeliars durch den Bischof

Eine Zusammenfassung und Verdichtung dieses Auftrages als Geweihte der Kirche und zu den Menschen Gesandte wird in der Überreichung des Evangeliars in Worte gefasst, wenn der Bischof dabei spricht:

Empfange das Evangelium Christi: Zu seiner Verkündigung bist du bestellt. Was du liest, ergreife im Glauben: Was du glaubst, das verkünde, und was du verkündest, erfülle im Leben.

Der Diakon ist beauftragt, das Evangelium zu verkünden, zu predigen und das Volk Gottes gemäß der Lehre der Kirche zu unterweisen. Die Mitwirkung in der Sakramenten- und Gemeindekatechese ist seine weitere Aufgabe. Die Diakone sind verpflichtet, sich durch andauerndes, gründliches Studium der Heiligen Schrift und der Überlieferung auf die Erfüllung dieser Sendung vorzubereiten. Christus vertraut den Diakonen genauso wie dem Bischof und den Priestern seine Botschaft an. Dieses Vertrauen gilt es zu festigen, zu erneuern und sich des Vertrauens zu vergewissern. Es braucht eine innere Ergriffenheit und ein inneres Feuer, das in den Geweihten immer neu lebendig werden muss, um andere damit erfüllen und anstecken zu können.

Gott hat mich nicht aufgegeben,
mich nicht allein gelassen in meinem inneren Suchen und Ringen,
mich nicht verworfen,
als ich den Götzen der Zeit nachlief.
Er hat mich getragen,
als ich die Orientierung nach Sinn und Erlösung verlor,
mich gesucht in den Verstrickungen des Alltags.
Gott ist mir nachgegangen,
als ich vor ihm davonlief.
Er hat mich geheilt,
als ich mich selbst verworfen hatte,
mich geliebt,
als ich mich in mir selbst verfing,
mich gerufen,
als ich nicht mehr weiterkonnte.

Ich bin vom Schöpfer berufen, Licht zu bringen
– wo der Tunnel der Finsternis nur Dunkelheit hat.
Hoffnung zu bezeugen
– wo das Leben unerbittlich auf das Ende zugeht.
Vertrauen zu stiften
– wo alles leblos ist und sinnlos erscheint.
Da zu sein und Zuversicht zu vermitteln
– wo kein Ausweg in den Blick kommt.
In der Nähe zu bleiben
– wo Gottes Hilfe nicht erwartet wird.
Anlass für Hoffnung zu sein
– wo Seine Gegenwart nicht erfahrbar wird.
Kraft zu haben

– weil sie uns aus göttlicher Quelle zukommt.
Ohnmacht auszuhalten
– weil wir Diener des dienenden Herrn sind.
Not zu wenden
– weil wir, durch Gottes Hand geführt, dort sein können,
wo er uns gebrauchen kann.[118]

6.6 Predigten (Auszüge)

Österreichische Bischöfe haben in den Festgottesdiensten, in denen sie Diakone geweiht haben, die Bedeutung des Diakonats für die Kirche immer wieder neu unterstrichen und seine verschiedenen Dimensionen vertieft. Einige Auszüge aus ihren Predigten seien hier angeführt:

> „Die wesentliche Aufgabe des Diakons wird vielleicht mit jenen Worten deutlich, mit denen dem Kandidaten bei der Weihe das Evangelienbuch überreicht wird: Nimm hin das Evangelium Christi, zu dessen Verkündigung du bestellt bist. Was du liest, ergreife im Glauben, was du glaubst, verkünde und was du verkündest, erfülle mit Leben."[119]

> „Diakon sein heißt da sein für die anderen Menschen. Er soll in den Dienst der Gemeinde treten und ein Vermittler der Gnade Gottes für die Gemeinde werden." Durch Vermittlung der Sakramente und gute Taten soll der Diakon das Amt der Nächstenliebe zum Ausdruck bringen: „Der Diakon ist einer, der mitten in der Gemeinde immer wieder das Gute anregt."[120]

> „Gott nimmt einen Menschen durch die Weihe, gleichsam schenkt er ihn uns wieder als einen, der in einem neuen Auftrag zu uns kommt, um uns zu dienen: seiner Familie, der Gemeinde und dort, wo ihn die Kirche dringend braucht."[121]

118 Franz Ferstl, unveröffentlicht
119 Kardinal Franz König, 8. Juli 1973. In: 40 Jahre Diakonat, 15
120 Erzbischof Josef Schoiswohl, 10. April 1983. Ebd., 1
121 Weihbischof Florian Kuntner, 16. Januar 1988. Ebd., 20

„Ihr seid sozusagen das ‚Auge des Bischofs', seid Brücken zwischen Kirche und Gesellschaft. Ihr lebt großteils euren Beruf und den Dienst in der Kirche. Es wird immer wichtiger, dass ihr diese Brücke in euch selber tragfähig macht. Haltet euch an die gesunde Lehre des Glaubens, auch dann, wenn die Mehrheit anders denkt. Habt Mut, vom Evangelium und vom Glauben der Kirche her ‚querzudenken'. Die Kraft dazu kommt nicht von euch. Die wäre zu schwach. Sie kommt vom ‚Heiligen Geist, der in euch wohnt'. Ihm vertraut!"[122]

„Diakone sind dazu berufen, so etwas zu sein wie Vor- und Horchposten, Vorreiter der Kirche bei der Bewältigung der Herausforderungen der Gegenwart. Gerade an den Rand- und Bruchzonen von Kirche und Gesellschaft haben die Diakone ihren Platz. Ihre Gesprächspartner sind nicht nur die, die ohnehin im Binnenraum der Kirche sind, die ‚noch' da sind, sondern auch jene, die vielleicht morgen dazu gehören könnten. Es sind aber auch andere Dimensionen, wie die Vermittlung des Botschafters oder Zwischenhändlerseins. Diakone stehen an der Schnittstelle und als vermittelnde Position zwischen der missionarischen und der gemeindlichen Schnittstelle der Kirche. Es gibt so etwas wie eine Zwischenstellung des Diakons zwischen den gesellschaftlichen und kirchlichen Bereichen."[123]

122 Kardinal Christoph Schönborn, 7. Oktober 2007. Ebd., 27

123 Diözesanbischof Manfred Scheuer, 22. Oktober 2016. https://www.dioezese-linz.at/dl/otunJLJKkLkJqx4KJK/2016_10_22_Predigt_Diakonweihe_Joachim_Sulzer.pdf (16.04.2019)

7. IDENTITÄT

Lange bevor der eigentliche Ruf zu einer bewussten Nachfolge in Form des Diakonats erfolgt, bietet Gott uns Erfahrungen an, in denen er uns signalisiert, dass er uns in besonderer Weise in den Dienst nehmen will – über berufliche Erfolge und familiäre Herausforderungen hinaus. Manchmal ist es die Erfahrung von Grenzen, in denen die Handschrift Gottes spürbar wird. Wesentlich ist, dass wir uns als Angesprochene mehr und mehr auf den Weg Jesu, des Dieners Gottes und der Menschen, einlassen. Die Zeit zwischen der inneren Erfahrung der Berufung in den Dienst und der Weihe ist nicht nur eine Frage der Ausbildung, sondern auch eine Zeit und Chance der Zurüstung.

7.1 Geht auch ihr in meinen Weinberg

Für mich war dieses Gleichnis Jesu von den Arbeitern im Weinberg (Mt 20,1–16) ein entscheidendes Bild meiner Berufung zum Ständigen Diakon. „Geht auch ihr in meinen Weinberg" war eine Einladung. Eine klare Aufforderung ohne eine Zusage und ohne eine Einschränkung. Es geht um die Arbeit im Weinberg, die die menschlichen Kräfte fordert, eine Arbeit, die nicht aufgeschoben werden kann. Dieses Gleichnis Jesu spricht von der Herausforderung und der Bereitschaft zum persönlichen Einsatz. Das „Anwerben" von Mitarbeitern für den Weinberg Gottes ist auch heute eine Realität, die nicht von der Kirche ausgeht, sondern vom auferstandenen Herrn. Er begnügt sich nicht mit jenen, die die volle Hitze des Tages in seinem Weinberg aushalten – vergleichbar mit den Aufgaben der Priester, die seit ihrer Jugend in der Kirche ihren Dienst leisten. Jesus ruft immer wieder und auf verschiedenste Weise Arbeiter, die in seinem Weinberg Hand anlegen wollen.

So ist die Berufung zum Ständigen Diakonat nach der Ausübung eines Berufes und der Gründung einer Familie auch mit dem Anwerben von Mitarbeitern um die elfte Stunde zu vergleichen. Verschiedene Gründe und sicher nicht das „Nicht-Wollen“ stehen hinter der späten Einladung. Vieles im Leben braucht Zeit und Reife, Geduld und Erprobung, bis die Stunde kommt, in der die Entscheidung reift und die Einladung zu einem neuen Dienst im Herzen Fuß fasst. „Niemand hat uns angeworben.“ – Das hängt in vielen Berufungen von den vielen Möglichkeiten ab, die sich erst später auftun und sich aus vielen kleinen Grundeinsichten zusammensetzen.

Gerade weil der Diakon familiäre und berufliche Verpflichtungen hat und in sein soziales Umfeld eingebettet ist, ist der Ruf nach der Übernahme des Dienstamtes zum Diakonat mehr als ein Berufswechsel, der dadurch nicht ansteht, da dieses Amt in den meisten Fällen ehrenamtlich übernommen wird. Die Weite der Entscheidung, in den Dienst der Kirche zu treten, wird den Betroffenen vor dem Ablegen des Versprechens bewusst. Es geht auch um mehr als um einen Standeswechsel vom Laien- in den Klerusstand, einen zusätzlichen Job oder eine zeitlich begrenzte Tätigkeit, es geht um eine „Herrschaftsübergabe“, um ein volles Ausliefern an den Herrn des Weinberges. Sich in den Dienst des Herrn zu stellen, heißt für den Diakon, zu einer neuen Beziehung „Ja“ zu sagen, von der nicht nur er, sondern die ganze Familie betroffen ist. Die Entscheidung ist mit der im Alten Testament ausgesprochenen Verpflichtung, „Ich aber und mein Haus, wir wollen dem HERRN dienen“ (Jos 24,15), vergleichbar. Der Diakon kennt aus seiner Lebens- und Glaubenserfahrung heraus die Last der „Hitze des Tages“ und gerade aus dieser Erfahrung lässt er sich „um die elfte Stunde“ noch anwerben. Er tut es, um in besonderer Weise als Arbeiter Gottes für das menschliche Wohl und Heil dienstbar zu sein.

Das vom Zweiten Vatikanum neu eingeführte Dienstamt des Diakons ist für die Kirche ein sichtbares und greifbares Zeichen Gottes, dass er die Arbeit in seinem Weinberg für dringlich und unaufschiebbar hält. Wer bereits verschiedenen Herren beruflich gedient hat – um beim Bild des Weingärtners zu bleiben –, kann sicher auch die dort gemachten Erfahrungen einbringen und, dem neuen Herrn verpflichtet, seine Fähigkeiten neu unter Beweis stellen. Gerade aus dem partnerschaftlichen Leben mit der Ehefrau, der Annahme und Prägung durch Kinder erwachsen Lebenserfahrungen, die für den Aufbau des Reiches Gottes in der Welt von großer Wichtigkeit sind.

7.2 Das Eigene des Diakons – Ständiger Diakonat, ein überflüssiges Amt?

Das Wesen des Ständigen Diakons liegt darin, dass ihm auf den ersten Blick nichts Eigenes zukommt. Das Konzil hat bei der Wiedereinführung zwar auf die Wichtigkeit des Dienstes verwiesen, ihm jedoch nur einige sakramentale und nichtsakramentale Handlungen zugeschrieben, die aber auch von anderen dazu Beauftragten vollzogen werden können. Das Handeln des Diakons – sein diakonales Wirken – ist für die Kirche lebensnotwendig, es ist aber nicht notwendig, dass dies von einem Ständigen Diakon vollzogen wird. So hat der Diakon ein Amt, das im wahrsten Sinne des Wortes „nicht gebraucht" wird – das überflüssig erscheint. Dieses Nicht-gebraucht-Werden zeigt sich symbolisch in der Eucharistiefeier, der Mitte christlichen Lebens. Zwar stehen dem Diakon als Erstem gewisse Aufgaben in der Liturgie zu, die aber auch durch andere – wie Kommunionhelferinnen und Kommunionhelfer – ausgeübt werden können. Wenn der Diakon nicht am Altar steht, wird das vom Volk Gottes meist gar nicht als Manko gesehen. Eine Eucharistiefeier ohne Priester und Volk ist unmöglich, aber der nicht anwesende Diakon geht gar nicht ab. Die leere Stelle des Diakons zeichnet sich dadurch aus, dass sie leer bleibt.[124] Dieser Diakon, der in einer Familie eingebettet ist und im Beruf Erfolg hat, muss sich, wenn er der Berufung folgt, darauf einstellen, als Überflüssiger dazustehen, als einer, der sich auf nichts berufen kann, der „nicht gebraucht" wird, der seinen Dienst ehrenamtlich tut (auch der Hauptamtliche wird nicht als Diakon besoldet, sondern als Pastoralassistent), der sehr vom Wohlwollen des Pfarrers abhängig ist, der in der Liturgie nicht abgeht, wenn er nicht da ist. Er spiegelt letztlich die Situation Jesu wider, der auf Macht und Ansehen verzichtet hat. „Er war Gott gleich, hielt aber daran nicht fest, Gott gleich zu sein, sondern er entäußerte sich und wurde wie ein Sklave und den Menschen gleich." (Phil 2,6) Die diakonische Spiritualität orientiert sich am Weg der Inkarnation Jesu Christi.

124 Vgl. Karlheinz Six, Diakonische Gestalten der Kirche, Österreichtagung 2017, Einführung in das Thema. In: Ruf!Zeichen, Jahrgang 19, Dezember 2017, 8

7.3 Der Diakon als Bewährungshelfer im Glauben

Von einem anderen Versuch zu sagen, was das Sein des Ständigen Diakons ausmacht, berichtet Karl Hillenbrand, der an eine Schulklasse auf die Frage, was denn der Diakon sei, die Antwort erhielt: „So eine Art Bewährungshelfer …“. Ein schönes Bild, das viel über den Auftrag des Ständigen Diakons aussagt. Unser Dienst leistet in übertragenem Sinn Bewährungshilfe im Glauben mit dem Ziel, dass die Wahrheit des Glaubens menschlich „ankommt“: die Wahrheit, dass sich Gott selbst in Jesus für die Menschen bis zum Letzten einsetzt, dass gerade im Dienst an der Welt die Beziehung zwischen Gott und den Menschen ihre Bewährungsprobe besteht. Der Diakon soll diesen dienenden Grundbezug zwischen Jesus Christus und den Menschen ein Leben lang verdeutlichen – in seinem ganzen Dasein. Die Weihe zum Ständigen Diakonat verleiht sakramental die bleibende Fähigkeit, den Dienst Jesu zeichenhaft und öffentlich erfahrbar darzustellen. Weil dieser Dienst kein anonymes Service ist, braucht es konkrete Menschen, die im Namen Gottes und mit der Weihe ausgestattet diesen Dienst des „Bewährungshelfers“ tun. Weil dieser Dienst zum unaufgebbaren Grundbestand kirchlichen Handelns gehört, ist er nie beliebig, er ist vielmehr ein Erkennungsmerkmal, ein „Wahrzeichen“ der Kirche, ohne den sie ihr Gesicht verlieren würde, ohne den sie nicht mehr Kirche Jesu Christi wäre.[125]

7.4 Menschen auf dem Weg der Menschwerdung solidarisch beistehen

Den Grundauftrag an die Ständigen Diakone spricht auch Papst Franziskus zur 50-Jahrfeier des Ständigen Diakonats in Rom am 20. Mai 2015 an:

> „… In dieser Überzeugung bitte ich Sie darum, in Ihrem Einsatz für eine diakonische Weltkirche und für eine solidarische Welt nicht nachzulassen. Sie sind Botschafter Jesu Christi, der alles Herrische von sich weist und wie der, der bedient, menschliche Rangordnungen auf den Kopf stellt. Sie sind Botschafter unseres menschgewordenen Gottes, der Solidarität zeigt bis in den Tod und über den Tod hinaus. Sie sind berufen,

125 Vgl. Karl Hillenbrand, Beruf und Berufung, Würzburg 2013, 39

> anderen Menschen auf ihrem Weg der Menschwerdung solidarisch beizustehen, überall auf der Welt".[126]

Der Dienst des Diakons kommt nicht in erster Linie von seiner Ausbildung, sondern aus der Verankerung und Erprobung, die im Lebensalltag gründet. Bei der Deutung des Dienens kommt es auf die Lebens- und Familienerfahrung an, die eine neue Sicht und eine Lebensnähe der Botschaft Jesu bietet, die Identifikation mit dem Sohn Gottes, der herabgestiegen ist, um den Menschen zu dienen und so das Geheimnis der Liebe zu erschließen. Diese Identifikation braucht aber auch eine Erfahrung des Wirkens des Wortes im eigenen Leben. Die Menschen haben ein Gespür dafür, wo etwas lebendig ist.

In die gleiche Richtung geht ein Text von Madeleine Delbrêl, die im Bild der „Fahrradspiritualität" einlädt, in der Umsetzung der Liebe nicht stehen zu bleiben, sondern das Leben als Herausforderung anzunehmen:

> „‚Immer weiter!', sagst du zu uns. Um die Richtung auf dich zu behalten, müssen wir immer weitergehen, selbst wenn unsere Trägheit verweilen möchte. Du hast dir für uns ein seltsames Gleichgewicht ausgedacht, ein Gleichgewicht, in das man nicht hineinkommt und das man nicht halten kann, es sei denn in der Bewegung, im schwungvollen Voran. Es ist wie mit einem Fahrrad, das sich nur aufrecht hält, wenn es fährt; ein Fahrrad, das schief an der Wand lehnt, bis man sich darauf schwingt und schnell auf der Straße davonbraust. Die Zeit, in der wir leben, ist gekennzeichnet von einem allgemeinen, schwindelerregenden Ungleichgewicht. Sobald wir uns hinsetzen, unser Leben zu betrachten, kippt es und entgleitet es uns. Wir können uns nur aufrecht halten, wenn wir weitergehen, wenn wir uns hineingeben in den Schwung der Liebe."[127]

---

126 Papst Franziskus, Grußwort zur 50-Jahr-Feier des Ständigen Diakonats, Rom 2015. In: Diaconia Christi, 51/2016, 16

127 Madeleine Delbrêl, Der kleine Mönch. Ein geistliches Notizbüchlein, Freiburg 1981, 76

7.5 Verzicht auf geistliche Macht

Gerade in einer Zeit, in der die Glaubwürdigkeit der Kirche in Bezug auf ihre Machtausübung von den Menschen auf dem Prüfstand steht, kann der Diakon als einer, der durch sein Amt nicht im Verdacht steht, geistliche Macht in irgendeiner Form auszuüben, ein wichtiges Zeugnis abgeben. Durch die Einschränkung, nicht Vorsteher einer Eucharistiefeier sein zu können, das Sakrament der Vergebung und das Sakrament der Krankensalbung nicht spenden zu können, ist die Gefahr einer geistlichen Machtausübung über die Menschen weniger gegeben, obwohl auch ein Diakon ihrer Versuchung erliegen kann. Mit den Worten von Papst Franziskus gesagt: „Seid Hirten mit dem Geruch der Schafe, anwesend inmitten eures Volkes wie Jesus, der gute Hirt."[128] Papst Franziskus betont immer wieder, dass die Haltung des wahren Hirten nicht die des Fürsten sein soll, die weit weg von den Menschen und nicht in der Lage ist, die Begegnung mit Christus und die Begegnung mit den Menschen zu fördern.[129] Innerhalb des Klerus wäre es ein Zeichen des Verzichtes, wenn bei den Diakonen auf die bei den Priestern noch immer übliche Anrede „Hochwürden" und auf die Titel „Geistlicher Rat" und „Konsistorialrat" verzichtet würde. Diese Bezeichnungen stellen den Geistlichen auf ein „Stockerl" und machen eine Distanz zum „normalen Kirchenvolk" deutlich.

7.6 Diakon – einer, der Anteil nimmt am Gebrochen-Sein des Menschen

Gelebte Diakonie macht die Kirche zu einem Ort, an dem nicht nur schöne Feiern zu erwarten sind, sondern wo „Gebrochen-Sein" eine neue Bedeutung, einen neuen Wert bekommen kann, wo das von Brüchen durchkreuzte Leben eine neue Ausrichtung erhält und die Welt mit Blick auf das Ganze einen Sinn und Inhalt bekommt. Wo Früchte und nicht die Leistung gefragt sind, wo Entwicklung zum erfüllten Leben begleitet und nicht Gesetze und Rechte verwaltet werden. Durch die persönliche Erfahrung, verbunden mit dem Vertrauen auf Gottes Geduld und Hilfe, sind wir als Begleiterinnen und Begleiter in Situationen des Scheiterns berufen. Wo Selbsterrichtetes und auf Sand Gebautes zusammenbricht und die Enttäuschung über sich selbst

128 Papst Franziskus, Gründonnerstagsgottesdienst, Rom, 28. März 2013
129 Vgl. Papst Franziskus, Generalaudienz, Rom, 13. November 2013

und andere Menschen ertragen werden muss, braucht es durch erfahrene geistliche Begleiter eine tiefere Sicht, um die Sinnhaftigkeit des Lebens nicht an den Trümmern festzumachen.

Was ehrliche Anteilnahme in menschlichen und seelischen Nöten bedeuten kann, wurde mir durch die Aussagen eines Aidsseelsorgers bewusst. Er schilderte, wie er von einem Aidskranken in einem fortgeschrittenen Zustand seiner Krankheit gerufen wurde. Im finsteren Kellerzimmer saß der Mann am Boden, um ihn herum lagen Bücher – das Bücherregal war zusammengebrochen. Der Seelsorger war zum Kranken gekommen, um ihm, falls er es wünschte, die Krankensalbung zu spenden. Der von der Krankheit Gezeichnete aber bat ihn, an seinem Schicksal Anteil zu nehmen: „Komm, setz dich zu mir und beweine die Trümmer meines Lebens." Diese Einladung konnte der Seelsorger nicht ausschlagen. Er ging nach dem Besuch betroffen nach Hause und dankte Gott für diese für ihn und sein Leben wegweisende Einladung. Anteilnehmen auf Augenhöhe ist in unserer diakonischen Spiritualität gefragt, nicht bloß die Erfüllung eines pastoralen Auftrages.

Ich möchte drei Grundhaltungen nennen, die eine Zusammenfassung und ein Kennzeichen der Identität des Ständigen Diakons sein könnten:

Auffindbarkeit

Im Rahmen von Exerzitien wurde mir bewusst, wie wesentlich es für den Diakon ist, für die eigene Familie und für die ihm anvertrauten Menschen auffindbar und ansprechbar zu sein. Wir leben zu oft im guten Glauben, ja sowieso immer für Gott und die Menschen verfügbar zu sein, aber wie es im Konkreten aussieht, ist uns nicht bewusst. Die Erkennungsmelodie der Hilfsaktion „Licht ins Dunkel" ging in diese Richtung: „Ist da jemand?" – Ist da jemand, der Interesse an meinem Leben hat? Ist da jemand, der sich Zeit für mich nimmt? Ist da jemand, der mehr als einen freundlichen Gruß für mich hat? Ist da jemand, der nach dem Gottesdienst für mich Zeit hat, jemand, der nicht schon zum nächsten Gottesdienst und zur nächsten Besprechung weg muss, der mir ein offenes Ohr schenkt? Auffindbar sein für die Menschen, die uns Gott schickt.

Oft geht es uns so, dass wir überall dabei sein wollen, dass Termine unsere Zeit verplanen, dass wir zu sehr in der Institution und nicht bei den Menschen sind, weil wir uns zu wichtig nehmen. Bei Jesus wussten die Menschen, wo sie ihn finden konnten. Die Heilige Schrift ist voll von Begegnungen –

von Erfahrungen, wo Menschen Jesus angetroffen haben. Jesus, der Auferstandene, ist nicht nur auffindbar, sondern auch berührbar – wenn wir an die Begegnung mit Thomas dem Zweifler denken. Eine Gefahr unserer Pastoral ist, dass sie zwischen Tür und Angel erledigt wird, noch schnell auf dem Weg zum nächsten Termin, und dass wir so die Nähe zu den Menschen verlieren. Bin ich für die Menschen auffindbar? Wo kann man mich antreffen? Wo kann ich noch mehr für Menschen und ihre Freuden und Nöte da sein? In erster Linie für meine Frau und meine Kinder, aber auch für die Menschen, die Gott mir schickt, für Menschen, denen ich begegnen darf und die durch mich eine Erfahrung mit Gott und seiner Liebe machen wollen. Wissen sie, wo sie mich finden?

Verfügbarkeit

Das in der Weihe versprochene „Ich bin bereit" wird leicht vergessen und von anderen alltäglichen und kirchlichen Dingen überragt und verdrängt. Es braucht eine Hellhörigkeit für das, was Gott von uns will, dafür, wo er uns als seine Zeugen herausfordern möchte. Verfügbar sein heißt, die Sehnsüchte der Menschen zu verstehen und mitzufühlen, heißt teilnehmen an ihrem Schicksal und teilgeben am eigenen Leben.

Es gilt, als Diakon da zu sein, wenn ich gebraucht werde. Hellhörig zu sein für die innere Not anderer. Sich nicht aufzudrängen, aber wach zu sein, wo etwas aufbricht. Berührbar zu sein, wo das Leben sich meldet und Zuwendung gefragt ist. Hinzuschauen, wo sich Not versteckt. Sich mitzufreuen, wo etwas gelingt und Neues zu wachsen beginnt. Zurückstehen, wo andere es schaffen, dem Leben Raum zu geben. Vorauszuschauen, wo der Blick für die Entwicklung verstellt ist. Wir dürfen zum nächsten Schritt einladen, wo Stillstand eingetreten ist. Es gilt, Gott etwas zuzutrauen, wo Wandlung nicht mehr möglich erscheint, und einen neuen Blick auf das Ganze zu eröffnen, wo zu klein gerechnet wird.

Von Bischof Oscar Romero stammt der Ausspruch: „Du hast dich sehr bemüht, bist fromm gewesen, warst Rom treu und hast alle Regeln befolgt, dich mit den wichtigen Leuten gut verstanden und bist damit in der kirchlichen Hierarchie weit gekommen. Aber das Entscheidende fehlt dir noch – die Nähe zur Armut und den Armen!"[130]

---

130 Oscar Romero und die Kirche der Armen, zitiert bei: brotundglanz.blogspot.com/2018/10/ (13. Oktober 2018)

Treue

Die Treue Gottes überwältigt täglich neu und bringt zum Staunen. Auch als Verheiratete erleben wir die Treue unserer Ehepartnerin als großes Geschenk. Wir erleben auch die Herausforderungen der heutigen Zeit, in weltlichen Dingen und Werten Gott und den Menschen gegenüber die Treue bis zur letzten Konsequenz zu halten. Weil wir aus der Kraft der Treue Gottes leben dürfen, weil er es ist, der uns seine Treue täglich spüren lässt und uns die Kraft gibt, dürfen wir durch unseren diakonalen Dienst seine Treue vor den Menschen bezeugen. Wenn auch Gottes Pläne aufs Erste oft uneinsichtig sind und wir unsere menschliche Ohnmacht eingestehen müssen, dürfen wir an die Treue Gottes glauben und an ihr festhalten. Diese unerschütterliche Treue Gottes soll auch unseren Dienst als verheiratete Ständige Diakone auszeichnen.

8. DER DIAKON IN DER AUSÜBUNG DER GRUNDDIENSTE IN DER KIRCHE

Für die Grunddienste Verkündigung, Liturgie, Caritas und die Leitung, die in jeder lebendigen Gemeinde Pfeiler der pastoralen Versorgung der Kirchengemeinden sind, braucht es Menschen, die sich durch eine Berufung und Ausstattung mit sakramentaler Vollmacht ganz in den Dienst nehmen lassen.

8.1 Diakonie der Verkündigung

Ein großer Anspruch an die Diakone ist der bei ihrer Weihe gegebene Auftrag der Verkündigung des Wortes Gottes. In der Weiheliturgie wird vom Bischof bei der Überreichung des Evangeliars gesagt: „Empfange das Evangelium Christi: Zu seiner Verkündigung bist du bestellt. Was du liest, ergreife im Glauben; was du glaubst, das verkünde, und was du verkündest, erfülle mit Leben."

Die Verkündigung des Wortes Gottes trägt in sich den Anspruch, das Wort Gottes nicht nur zu hören und zu befolgen, sondern als „Wort Gottes" zu verkünden und durch das Leben zu bezeugen. In Absprache mit dem Vorsteher der Eucharistie tragen Diakone bei der Assistenz am Altar das Evangelium vor, sie deuten in der Homilie die Frohbotschaft auf die Situation der Menschen hin. Sie dürfen den Samen ausstreuen und hoffen, dass er auf offenen Boden fällt, dort das Seine wirkt und Früchte bringt.

Eine wichtige Voraussetzung für eine fruchtbare Verkündigung ist, das Wort Gottes wie Maria „in unserem Herzen zu bewahren" (Lk 2,52) und in uns zuerst selbst aufleuchten lassen, wie es fruchtbar werden kann. In einem Bild gesprochen: Wir müssen von den vielen Körnern, die wir ausstreuen, ein Korn zwischen unseren Zähnen zerreiben und seinen Geschmack auskosten – zum Beispiel bei der Vorbereitung einer Sonntagspredigt. Die Einbeziehung der Realität des Lebens ist wichtig: Was sagt mir Gott durch meine Erfahrungen und die Erfahrungen der Mitmenschen, wie ist der Boden, in den das Wort Gottes hineingesät wird?

Gerade, weil wir Diakone im Leben, im Beruf, in der Familie, in der Gesellschaft eingewoben sind, lässt sich Gott durch jede Begegnung und Erfahrung des Alltags erspüren. Es braucht diese geerdete Spiritualität, dieses „Herabgeholt-Werden" auf den Boden der Wirklichkeit, um die Tiefe der Liebe Gottes zu erfahren, der sich auf dieses menschliche Sein eingelassen hat. Wenn einen diese Sehnsucht Gottes bewegt, werden seine Predigten getragen sein von der Liebe zu denen, die sich mit der Botschaft vom liebenden Gott schwertun.

Bischof Klaus Hemmerle hat die Fähigkeit des Menschen sehr treffend umschrieben: Auf die Frage „Wie groß ist der Mensch?" gibt er die Antwort: „Der Mensch ist sehr groß, er geht Gott bis zum Herzen." Der Mensch kann nicht nur verstehen, sondern mit seinem Ohr am Herzen Gottes die Sehnsucht Gottes nach uns Menschen spüren.[131] Der prophetische Dienst besteht im Besonderen im Hören auf Gottes Wort. Eine Prüfung der diakonalen Praxis der Verkündigung der Frohbotschaft Jesu stellt Hemmerle in den Raum: „Lass mich dich lernen, dein Denken und Sprechen, dein Fragen und Dasein, damit ich daran die Botschaft neu lernen kann, die ich dir zu überliefern habe."[132]

Der Diakon als einer, der im Wort und zum Wort steht und es bezeugt

Ein weiterer wesentlicher prophetischer Dienst der Diakone ist es, für Menschen, die sich nicht artikulieren können, ein Sprachrohr zu sein. Das Überzeugende ist nicht, *was* der Diakon tut – nicht die Leistung –, sondern *wie* er es tut. Erst die Erfahrung, dass ein Stück Herz dabei ist, macht die Handlung wertvoll. Wie ein Dienst als Pflicht oder als Routine erlebt werden kann, ist gerade das Dienen im Namen und Auftrag Jesu ohne innere Zuwendung und Anteilnahme ein leeres Gefäß und hinterlässt keine Nachhaltigkeit.

Vor allem die Verbindung von Wort und Tat wird von den Menschen mit strengen Maßstäben als glaubwürdig befunden oder als geistloses Gerede

131 Vgl. Klaus Hemmerle, Dein Herz an Gottes Ohr. Einübung ins Gebet, München-Zürich-Wien ^{2}1999, 17

132 Klaus Hemmerle, zitiert bei: Wilhelm Krautwaschl, Dein Denken und dein Sprechen. Morgengedanken, 18. März 2015. Quelle: religion.orf.at/radio/stories/2699605/ (25. Februar 2019)

beurteilt. Es braucht ein Ausliefern und ganzheitliches Hören auf das immer neu gesprochene Wort Gottes. Die Worte der Heiligen Schrift sind das Fundament, die Grundlage für das, was Gott uns mitgegeben hat. Wir sind gerufen, das lebendig zu machen, es einzulösen durch unser Leben.

Gott will uns Anteil geben an seiner Sehnsucht, seine Worte als Lebenswahrheit erlebbar zu machen. Gerade in einer Zeit, in der viele Informationen, die an unser Ohr dringen, nicht glaubhaft sind, ist es unser Auftrag, den Unterschied zwischen allgemeiner Information und dem fleischgewordenen Wort Gottes erfahrbar zu machen. Es kann mit Worten nicht bewiesen, aber durch Lebenseinsatz glaubwürdig bezeugt werden.

Vor allem aber die Freude und Kraft, die vom Wort Gottes ausgeht, kann der Diakon überzeugend weitergeben. Neben Katechese und Predigt sind es Gespräche und geistliche Begleitungen, in denen er bei den Begleiteten und bei sich selbst die göttliche Kraft des Wortes Gottes staunend annehmen kann. Grundlage dafür ist eine Gebetskultur, die das Leben im Alltag und die Sehnsucht nach einer lebendigen Gottesbeziehung vereint. Hier sind die Gebetszeiten des Stundengebetes und die Anbetung eine Chance, aus den Quellen spirituellen Lebens zu schöpfen.

Gerade weil der Diakon beim Gottesdienst das Wort Gottes verkündet, muss er den Tisch des Wortes lebendig halten und selbst davon schöpfen. Die Nähe Gottes in seinem Wort kann immer wieder neu erfahren und weitergeschenkt werden. Die Identifikation mit dem Sohn Gottes, der herabgestiegen ist, um den Menschen zu dienen, braucht auch eine Erfahrung des Wirkens des Wortes im eigenen Leben. Die Menschen haben ein Gespür dafür, wo etwas lebendig ist. Sie schätzen Kreativität und spüren, wo sich etwas entfalten kann.

Der Diakon im Dienst einer glaubensfördernden Verkündigung

Da der Diakon im eigenen Leben die Fruchtbarkeit des Evangeliums erfahren hat, will er die Menschen ermutigen, die Freude und den Wert der Frohbotschaft für ihr Leben neu zu entdecken. Die glaubensfördernde Form der Verkündigung besteht im Verkünden und Bezeugen der Frohbotschaft in der heutigen Zeit durch ein Erschließen des tieferen Sinns des Lebens: im Offenwerden für heilschenkende Einsichten, im Erkennen der Zeichen der Zeit und Aufzeigen der Zeichen des Heils, aber auch im Wahrnehmen des prophetischen Auftrags sowie im Hören auf das Wort Gottes und im Schöpfen aus den Quellen der Tradition der Kirche. So sind Diakone berufen zum

Zeugnisgeben durch das eigene Leben, zum Mittragen des Ringens der Menschen um eine Beziehung zum lebendigen Gott. Sie dürfen mitwirken an der Befreiung aus Verstrickung und Abhängigkeiten und die Zeichen der Zeit deuten.

8.2 Diakonie der Liturgie

Quelle und Höhepunkt des Wirkens der Diakone ist und bleibt der Dienst an der Feier der Eucharistie. Er stellt am Altar die Heilswirkung des Kreuzes, wie sie gerade gegenüber den Schwachen, den Armen und Ausgegrenzten durch den Dienst der Nächstenliebe verkörpert wird, dar. Bischof Hemmerle hat die Aufgabe des Diakons zusammengefasst: „‚Der Diakon soll sein, was er tut', er soll mit seinem gesamten Dienst und seinem Leben einer sein, der ‚einbringt und austeilt', der die eucharistische Beziehung zwischen der Welt, der Lebenserfahrung der Menschen und dem Geheimnis der sich verschenkenden göttlichen Liebe darstellt und wachhält. Wenn der Diakon zum Altar tritt, soll er sich fragen, ‚Was bringe ich alles mit aus der Gemeinde, aus meinen Begegnungen und Erfahrungen in die Eucharistie?' Der Diakon tut etwas, was auch die anderen tun können und sollen, aber er tut es gerade dazu, damit sie es tun."[133]

Assistenzdienst am Altar – der Diakon als Vermittler und Zeuge

„Der Diakon assistiert bei der Eucharistiefeier und den anderen Gottesdiensten dem Bischof oder Priester entsprechend der liturgischen Ordnung. (...) Neben der feierlichen Verkündigung des Evangeliums obliegt dem Diakon das Formulieren der Fürbitten der Gläubigen. Mit dem Bischof und dem Priester ist er ordentlicher Spender der heiligen Kommunion. Er teilt sie während oder auch außerhalb der Eucharistiefeier aus und bringt sie als Wegzehrung den Kranken. Ihm obliegt auch die Leitung etwaiger Wortgottesfeiern am Sonntag, wenn kein Priester zur Verfügung steht."[134] Umgesetzt auf die Handlungen im Gottesdienst: Der Diakon soll einbringen und aus-

133 Vgl. Klaus Hemmerle, Diakonat und Eucharistie. Eine Meditation. In: Josef G. Plöger, Hermann J. Weber (Hg.), Der Diakon. Wiederentdeckung und Erneuerung seines Dienstes, Freiburg 1980, 274–281

134 Direktorium der Feier von Sonntagsgottesdiensten ohne Priester. Christi Eccl. Nr. 38. In: Rahmenordnung, Kap. 2.2

teilen: die Freude und Hoffnung, Trauer und Angst der Menschen von heute. Der Diakon soll „das Große groß machen" und „klein sein vor dem Großen". Das Verkünden des „Geheimnis des Glaubens" und das Erheben des Kelches zeigen, dass es um den Dienst am Geheimnis Gottes für die Menschen geht. Der Diakon soll „Knotenpunkt und Anstifter des Friedens", der Bewegung auslöst, sein. Das Netz der Gemeinde will durch „unzählige kleine Gesten des Gebens und Empfanges, des Dienens und Verdankens geknüpft, gefestigt, ausgedehnt und verdichtet werden". Der Diakon soll „verkünden und entsenden". Zu seinen Funktionen gehört es, das Evangelium zu verkünden und den Gruß zur Entlassung am Ende der Eucharistiefeier zu entbieten. Er soll immer der sein, der das Wort „in Gang bringt" durch sein dienendes, helfendes Dasein. Es soll Leben in Gang gebracht werden, das fähig ist, das Evangelium zu bezeugen.[135] Nach den Wandlungsworten verkündet der Diakon, dass das Volk hier am „Geheimnis des Glaubens" teilhat und dieses „Mysterium" gegenwärtig wird. Er übernimmt die Stimme des Priesters und verkündet, was sich in der Mitte der Feiernden vollzieht. Er steht da als erster Zeuge. Er reicht den Kelch weiter, er wird zum Sprecher, zum Dolmetscher eines Geschehens, dass sich nicht in Worte fassen lässt: Das Geheimnis des Glaubens, das der Diakon verkündet, ist zugleich das Geheimnis der Diakonie. So wird der mitfeiernde Diakon zum Werkzeug und Zeugen der Eucharistie. Er übernimmt für die Weiterführung und das Fruchtbarwerden dieses Mysteriums eine entscheidende Aufgabe. Die Einladung zum Friedensgruß an das Volk zeichnet ihn aus als Sprecher des Geschehens.

Die dem Diakon in der Eucharistiefeier von der Kirche übertragenen Handlungen sprechen für sich und bezeugen seinen Auftrag im Frucht-bar-Machen des Mahles. Der Diakon steht dem Mysterium ganz nahe und übernimmt den Kelch, um ihn zu teilen. Er ist der Mittler zwischen dem sich im Priester neu verschenkenden Hohepriester Jesus und seinem Volk, das Anteil erhalten soll an diesem göttlichen Geschehen. Die Gemeinde wird durch den Dienst des Diakones im „Gehet hin in Frieden" gesendet zum Ort ihres Dienstes an den Menschen. Vor Ort hat der Diakon seinen Ort, hier verkündet er das Wort und feiert er Liturgie und dient mit den anderen Christen den Menschen.[136]

---

135 Vgl. Hemmerle, Diakonat und Eucharistie, 274–281

136 Vgl. Klemens Armbruster, Der Platz des Diakons in Kirche und Gesellschaft, früher und heute. In: 50 Jahre Erneuerung Ständiger Diakonat, Straßburg 2015, 28

Der Diakon steht für eine lebensnahe Liturgie

Die Lebensnähe in der Liturgie bekundet der Diakon durch ein lebensnahes Auslegen und Bezeugen des Wortes Gottes. Durch das mystagogische Deuten, was wir in der heiligen Liturgie feiern, wird die aktive und innerliche Beteiligung am liturgischen Geschehen ermöglicht. Kennzeichen einer vom diakonalen Dienst geprägten Liturgie ist das Vorbereiten und Feiern der Sakramente und Sakramentalien als Zeichen des Heils. Das Hinbringen des eigenen Lebens, verbunden mit dem Bringen der Gaben, macht im pastoralen Handeln das mystische Handeln Gottes erfahrbar. Der Diakon bringt die Anliegen der Menschen in die Eucharistie ein und vermittelt die Treue Gottes in der Sorge um die „Fernstehenden" und im Bringen der Kommunion zu Kranken und Alten.

Getragen durch das tägliche Gebet mit der und für die Kirche

Wie die Österreichische Rahmenordnung bereits in der Vorbereitung auf den Diakonat fordert, soll in einer Schule des Betens in die Praxis des Stundengebetes sowie in die verschiedensten Formen des freien und geprägten Gebetes eingeführt werden.[137] Mit der Diakonenweihe beginnt auch die Verpflichtung zum Stundengebet. Gerade diese Gebetsform gehört – was oft übersehen wird – zum liturgischen, auf die ganze Kirche bezogenen Tun (die lateinische Bezeichnung „Liturgia Horarum" ist da glücklicher gewählt). Wer das Stundengebet als „Pflichtpensum" sieht, das vielleicht gar vom Einsatz für die Menschen abhält, verfehlt seine innerste Ausrichtung: Es braucht nämlich bei diesem Beten – das mag seltsam klingen – als allererste Voraussetzung gerade eine Sensibilität für die Welt und den Mitmenschen.

8.3 Grunddienst Caritas – der Diakon als Anwalt der Armen

„Aufgrund des besonderen Auftrags und der Weihegnade sind Diakone seit alters her hauptverantwortlich in der Diakonie der Nächstenliebe tätig. Was also Sorge des Bischofs, Aufgabe der Priester und des ganzen Gottesvolkes ist, wird dem Diakon als besonderer Dienst übertragen und prägt sein Leben und Wirken."[138] Der Diakon „soll sich bemühen, unterschiedslos allen zu

137 Vgl. Rahmenordnung, Kap. 5.32

138 Rahmenordnung, Kap. 2.3

dienen, und dabei den Leidenden und Sündern besondere Aufmerksamkeit schenken."[139] In der Österreichischen Rahmenordnung wird weiter festgehalten: „In enger Zusammenarbeit mit dem Bischof und den Priestern als Vorsteher der Pfarrgemeinden tragen Diakone die Hauptverantwortung für die leiblichen und geistigen Werke der Barmherzigkeit in den jeweiligen kirchlichen Teilbereichen. Die Diakone sind in ihrem Dienst vorrangig in den nach außen gerichteten Dienst der Kirche berufen. Insgesamt haben die Diakone im Auftrag des Bischofs eine besondere und oft auch leitende Verantwortung in der diakonischen Entwicklung der Gemeinden, in der Förderung und Koordination der verschiedenen Dienste der Nächstenliebe und kategorialen Seelsorge sowie in der Gesellschaftsverantwortung der Kirche. Dazu gehört auch die Sorge für die Menschen, die der Kirche noch fernstehen oder sich von dieser entfremdet haben."[140]

Die Armen heute

Diakone sollten die Armen von heute kennen. Denn für sie sollte die Kirche besonders offen sein. Sicher kann die Kirche keine Arbeitsmöglichkeit für alle Arbeitslosen bieten, aber sie kann deren Wert und Würde bewusst machen. Ein erster Schritt wird das Ernstnehmen der Situation sein, jemandem die Erfahrung zu vermitteln, hier begegnet mir ein Mensch, der nicht Leistung fordert, sondern sich in meine Situation hineinversetzen kann. Es geht weder um ein Mitjammern noch um eine Schuldzuweisung, es geht um teilnehmen und am eigenen Leben teilhaben lassen.

Gemeinsam mit den Betroffenen können Diakone einen Weg suchen und sie auf diesem zu einem sinnerfüllten Leben begleiten. Das beginnt mit einer Entkoppelung von Würde und Leistung. Dies wird aber nur angenommen und verstanden werden, wenn Werte des Lebens aufgezeigt und bewusstgemacht werden. Als Beispiel sei das Aufspüren der sich versteckenden Armut durch die Vinzenz-Gemeinschaft genannt.

Die karitative Aufgabe der Diakone kann auch – so drückt es die Österreichische Rahmenordnung aus – „einen entsprechenden Dienst in der Verwaltung der Güter einschließen (z. B. als Pfarr- bzw. Diözesanökonom, Vermögensverwaltungsrat) und auch bei den Hilfswerken der Kirche (z. B. Caritas). Darüber hinaus dienen Diakone oftmals in anderen Funktionen

139 Vgl. Hippolyt, Traditio Apostolica 8, zitiert nach Direktorium 38. In: Rahmenordnung, Kap. 2.3
140 Rahmenordnung, Kap. 2.3

(z. B. Gerichtswesen) und bringen die diakonische Perspektive in den Beratungsgremien der Diözesen (z. B. Pastoralrat) ein." Die Diakone sollen diese Dienste nicht allein ausüben, sondern „Mitarbeiter und Mitarbeiterinnen suchen und so Sorge tragen, dass die Kirche als Ganze ihrem diakonalen Auftrag besser gerecht werden kann. Nicht nur in ihren kirchlichen Diensten, sondern auch in ihren bürgerlichen Berufen sollen die Diakone zur Umgestaltung der Welt nach christlicher Ordnung beitragen. Ebenso sollen sie darauf achten, dass sie die Nächstenliebe, vor allem gegenüber ihren Familienangehörigen als ihren Allernächsten, nicht vernachlässigen."[141]

Der Ständige Diakon in der kategorialen Pastoral

Das „Diakonenprofil" der Erzdiözese Wien von 2009 umschreibt diakonale Handlungsfelder im kategorialen Bereich: Die verschiedenen staatlichen und kirchlichen Einrichtungen in Gesellschaft, Gesundheit und Wohlfahrt bieten für die Kirche die Möglichkeit zu Begegnung, Gespräch und Begleitung in entscheidenden Lebenssituationen. Dabei ist es wichtig, dass die Kirche und ihre Mitarbeiter präsent sind und das religiöse Gespräch und die geistliche Begleitung anbieten. Hier ist ein wichtiges pastorales Aufgabenfeld für haupt- und ehrenamtliche Diakone, das sich nicht nur auf die Betroffenen, sondern auch auf die Angehörigen und das Betreuungspersonal ausweiten soll.

Dienstleistungen im engeren Sinn geschehen z. B. an Menschen in schwierigen Situationen, mit seelischen und geistigen Beeinträchtigungen, die Geduld und Zuwendung fordern. Hier den Dienst nicht als Job, sondern in einem wertschätzenden Umgang zu vollziehen, kann sehr an Nerven und Kraft zehren. Gerade Menschen in den Pflegeberufen brauchen nicht nur Freizeit, sondern auch Möglichkeiten, ihre Erfahrungen mit anderen Menschen zu besprechen und aufzuarbeiten. Damit es zu einem Dienst mit Herz kommt und ein würdevoller Umgang gewährleistet ist, braucht es Zugang zu menschlichen Ressourcen und zu geistlichen Quellen, die uns der Glaube bieten möchte.

Der diakonale Dienst in der Krankenhauspastoral besteht vor allem darin, den Betroffenen die Treue und Zuwendung Gottes erfahrbar zu machen. Im Dienst an alten Menschen soll die heilende Nähe Gottes vermittelt werden, mit dem Angebot, sich mit ihrem Leben und mit Gott zu versöhnen. Menschen mit Behinderung sollen durch die diakonalen Dienste Einfühlung und

141 Ebd.

Wertschätzung des Lebens in allen Formen erfahren. In der Trauerpastoral sollen die Angehörigen durch die diakonalen Dienste die Gegenwart und Barmherzigkeit Gottes erfahren. Durch den in der Notfallseelsorge geleisteten Beistand soll zum Ausdruck kommen, dass die Kirche für Betroffene und Angehörige auch in Notsituationen da ist. In der Hospizbewegung und in der Sterbebegleitung werden Betroffene und Angehörige begleitet und getröstet. Durch die Besuchsdienste in den Gefangenen- und Strafanstalten wird Gottes Vergebung und Barmherzigkeit bezeugt.[142] In ähnlichen Aufgabenfeldern sind Diakone auch in den anderen österreichischen Diözesen tätig.

Zusammenfassung: Der Diakon steht für eine authentische Diakonie

Im diakonalen Dienst versucht der Diakon, das von Gott zugesagte, ganzheitliche Wohl und Heil für die Menschen einzulösen und zu fördern. Die pastorale Qualität des Diakonats entfaltet sich, indem er die Sehnsüchte, Abhängigkeiten und Unfreiheiten der Menschen ernst nimmt und die Betroffenen in ihren Nöten und Ängsten und in der Sinnsuche nicht alleine lässt. Er steht Menschen bei der Sinnfindung bei und bietet geistliche Orientierung an. Er begleitet Feiernde an Lebenswenden. Im Diakon wird die diakonale Gestalt der Kirche als Dienst am Wohl und Heil der Menschen im pastoralen Handeln erfahrbar. Durch die Anerkennung der Lebensrealitäten soll Wertschätzung ausgedrückt werden. Durch Zuwendung und Hilfe in den pastoralen Begegnungen und Handlungen soll die Nähe Gottes, die barmherzige Haltung Gottes gegenüber Menschen, die Leid tragen müssen, erfahrbar werden.

Diakonales Handeln ist kein Privileg der Diakone, sondern allen Christen aufgetragen. Es ist Kernauftrag der Diakone, die Gläubigen zu diakonalem Handeln anzuleiten und zu befähigen. Der Diakon soll also nicht anstelle der Christen den Dienst an den Armen und Ausgegrenzten vollziehen, sondern durch Beispiel und Dienst die diakonale Berufung aller Christen wecken und fördern. So lebt auch die Hoffnung, dass – auf dem Hintergrund des Berufungsprofils – in jeder Pfarre der Diakonat als eigenständiger Dienst gesehen und gefördert wird. Wünschenswert wäre ein Ständiger Diakon für jede Pfarre und für jeden kategorialen Bereich – ein Diakon/eine Diakonin, der/die den Dienst an den Menschen lebendig hält.

---

142 Vgl. Institut für den Ständigen Diakonat in der ED Wien (Hg.), Profil des Ständigen Diakonates, Wien 2009, 21–22

9. AUF DEM WEG ZU EINER DIAKONALEN GESTALT DER KIRCHE

Wenn die Kirche ihre Sendung treu zu erfüllen versucht, ist sie eine diakonische, solidarische und missionarisch-glaubwürdige Kirche, die in der Welt und für die Menschen die Hoffnung des Evangeliums bezeugt. In gerade prophetischer Weise fasst das berühmte Wort des 1945 – zwanzig Jahre vor dem Konzil, ermordeten Alfred Delp zusammen, worauf es ankommt:

> „Es wird kein Mensch an die Botschaft vom Heil und vom Heiland glauben, solange wir uns nicht blutig geschunden haben im Dienste der physisch, psychisch, sozial, wirtschaftlich, sittlich oder sonst wie kranken Menschen. (...) Rückkehr in die ‚Diakonie' habe ich gesagt. Damit meine ich das Sich-Gesellen zum Menschen in allen Situationen mit der Absicht, sie ihm meistern zu helfen. (...) Damit meine ich das Nachgehen und Nachwandern des Menschen ... um bei ihm zu sein genau und gerade dann, wenn ihn Verlorenheit und Verstiegenheit umgeben. ‚Geht hinaus', hat der Meister gesagt, und nicht: ‚Setzt euch hin und wartet, ob einer kommt'."[143]

Genau das ist ein Weg, auf dem die Kirche unterwegs ist in der Nachfolge Jesu. Das Zweite Vatikanum gibt die Zuwendung zu den Menschen als Weg vor und setzt durch die Wiedereinführung des Ständigen Diakonats als Werkzeug zu einer diakonalen Kirche ein Zeichen: „Freude und Hoffnung, Trauer und Angst der Menschen von heute, besonders der Armen und Bedrängten aller Art, sind auch Freude und Hoffnung, Trauer und Angst der Jünger Christi."[144] Was könnte nun – durch den Diakonat personifiziert – eine zukünftige

143 Alfred Delp, Im Angesicht des Todes. In: Riße, Boten einer neuen Zeit, 163–164

144 Zweites Vatikanisches Konzil, Gaudium et spes. Pastoralkonstitution über die Kirche in der Welt von heute, 7. Dezember 1965

Gestalt der Kirche sein? Wie können Diakone an der Umsetzung einer diakonalen Gestalt der Kirche mitwirken? Wie werden Menschen, die sich in den Dienst einer diakonalen Gestalt der Kirche stellen, zu einer „solidarischen Zeitgenossenschaft“[145], zu einer missionarisch-glaubwürdigen Kirche? Die steigende Zahl der Berufungen der Ständigen Diakone ist ein hoffnungsvolles Zeichen. Bestärkt durch das mutige Vorangehen von Papst Franziskus könnte die sakramentale Gestalt der Kirche der Zukunft eine lebendige sein.

9.1 Im dreifachen Weiheamt verankert

Der Ständige Diakonat darf seit dem Zweiten Vatikanum teilhaben am Sakrament und am Dienstamt der Weihe. Das Sakrament der Weihe, wie es seit der Urkirche im Dienste der Auferbauung des Reiches Gottes steht, verbindet Bischofsamt, Presbyterat und Diakonat. In der Österreichischen Rahmenordnung wird im zweiten Kapitel das Dienstamt des Ständigen Diakons gründend auf die Aussagen der Kirchenkonstitution klar als Teil des Ordo ausgewiesen: „Das II. Vatikanum beschreibt das Amt des Diakons mit der Trias Diakonie des Wortes, der Liturgie und der Nächstenliebe“ (vgl. LG 29)[146] Die Rahmenordnung verweist darauf, „dass entsprechend der Einheit des einen Ordo der Diakon diese Dienste in enger Zusammenarbeit mit dem Bischof und seinem Presbyterium ausüben“ wird. Um ihren Dienst voll erfüllen zu können, werden Diakone nicht Aufgaben übernehmen, die von anderen Gläubigen erfüllt werden können. „Nur so werden die Diakone in ihrer wahren Identität als Diener Christi und nicht als besonders engagierte Laien im Leben der Kirche in Erscheinung treten.“[147]

Amtlich personifizierte Diakonie

Das Zweite Vatikanische Konzil hat mit der Wiedereinführung des Ständigen Diakonats dem Dienen ein persönliches Gesicht gegeben. „Der Diakon soll diesen dienenden Grundbezug zwischen Jesus Christus und den Menschen ein Leben lang verdeutlichen – in seinem ganzen Dasein! Die Weihe

145 Vgl. Bischof Manfred Scheuer bei der Pressekonferenz im Bildungshaus Schloss Puchberg am 18. November 2015

146 Rahmenordnung, Kap. 2

147 Direktorium für den Dienst und das Leben der Ständigen Diakone, Kap. 40. In: Verlautbarungen des Apostolischen Stuhls 132, 69–128

zum Diakon gibt die bleibende Fähigkeit, den Dienst Jesu an den Menschen zeichenhaft und öffentlich erfahrbar dazustellen. Weil dieser Dienst kein anonymer Service ist, braucht es dazu konkrete Menschen. Weil dieser Dienst zum unaufgebbaren Grundbestand kirchlichen Handelns gehört, ist er nie beliebig; er ist vielmehr ein ‚Wahrzeichen' der Kirche, ohne das sie ihr Gesicht verlieren würde, ohne das sie nicht mehr Kirche Jesu Christi wäre."[148] Diese Form der Teilhabe am göttlichen Leben durch die Nachfolge Jesu ist die Grundlage diakonalen Handelns, zu dem alle Christen herausgefordert sind. Um Menschen dazu bereit und fähig zu machen, hat Jesus den Beistand des Heiligen Geistes versprochen. Er ist es, der uns spüren lässt, wo von uns dieses diakonische Handeln erwartet und gefordert ist. Gott gibt uns in seiner Schöpfung alles, was er hat, und in der Menschwerdung seines Sohnes Jesus alles, was er ist!

Die diakonische Sendung haben in der Zeit vor dem Konzil die Priester mit ihrer der Priesterweihe vorangegangenen Diakonenweihe wahrgenommen. „Eben darum ist es auch jetzt noch außerordentlich sinnvoll, dass diejenigen, die Presbyter, Vorsteher der Gemeinden werden sollen und damit immer auch ‚Machtträger' sind, weil sie in der Vollmacht Jesu handeln, zuvor zu Diakonen geweiht werden. Denn der künftige Priester soll und muss wissen: Er ist und bleibt ein Leben lang auch Diakon, das heißt wirklichkeitserfüllendes Zeichen der Diakonia Christi. (...) Darum ist der Diakonat im wahrsten Sinn die bleibende Grundlage allen kirchlichen Amtes, und darum wird das, was in der Diakonenweihe geschieht, immer auch ein kritisches Korrektiv in der weiteren Lebensgeschichte der Geweihten sein."[149]

Durch die Weihe zum Dienen bevollmächtigt

In der Welt und in der Kirche wird viel über das Dienen gesprochen und geschrieben. Auch wir Diakone nehmen das Wort gern in den Mund, um unser Dasein zu rechtfertigen. Dienen ist ein schönes Wort, aber nicht das Wort macht es, es muss an der Realität geprüft werden. Nicht wir sind der Maßstab, sondern Jesus – er ist der Grund allen kirchlichen Dienens: Jesus Christus, der sein Herr-Sein aufgibt und zum Diener wird, damit Gottes Herr-Sein Wirklichkeit werden kann (Phil 2,5–11).[150]

148 Karl Hillenbrand, Beruf und Berufung. Kirchlicher Dienst und christliches Leben, Würzburg 2013, 39

149 Ebd., 45

150 Vgl. ebd., 45

Eine zentrale Frage ist: „Was braucht das Amt des Diakons, um den Dienst am Menschen umfassend, bestmöglich, zeitgemäß ausüben zu können?" Eine mögliche Antwort hat uns Bischof Reinhold Stecher ins Herz geschrieben: „Der Trend muss immer wieder zurück zu den Quellen gehen, zu einem Dienst an der Erlösung des Menschen, einem verstehenden, geduldigen, helfend-therapeutischen und herzlichen Dienst, zum Finden eines Friedens in Gott und zur Mitarbeit an einer menschlichen Welt. Eine gesunde Reflexion des eigenen Dienstes, ein Definieren nicht durch die Rolle, sondern vom Wesen des Dienstes her, können einen Betrag zum Selbstverständnis des Diakonates leisten."[151]

9.2 Kernauftrag des Diakons – Repräsentant des Dienens in der Gemeinde

Wenn Diakone der Liebe Gottes durch ihr Handeln ein Gesicht, ein offenes Ohr und ein mitfühlendes Herz geben, wird die Frohbotschaft für alle Menschen erfahrbar. Gerade weil der Diakon Anstifter zum diakonalen Handeln aller Christen sein will und das Volk Gottes dazu ermächtigen will, kann ein erster Schritt zu einer diakonalen Gestalt der Kirche sichtbar werden. Der Diakon soll Anstifter dieser Form des Dienens sein, indem er gemeinsam mit den in den Gemeinden Mitwirkenden kreativ und motivierend diese Kultur des Dienens fordert und fördert.

Die Kirche hat nicht nur eine Diakonie, sie ist Diakonie. Die Grundlegung einer dienenden Kirche erläutert Gisbert Greshake folgendermaßen: „Wie das priesterliche Amt (in Anteilhabe am bischöflichen) … ‚die sakramentale Darstellung Christi als des einheitsstiftenden Herrn der Kirche und der Einheit der kirchlichen Communio' so beinhaltet das diakonale Amt (in ähnlicher Anteilhabe) … ‚die sakramentale Darstellung des dienenden Christus und der dienenden Kirche'. Christus selbst war unter uns als ‚einer, der dient' (Lk 22,27) … Die Kirche hat diesen Dienst Christi aufzugreifen."[152]

Greshake sieht in puncto diakonische Spiritualität die ganze Gemeinde in die Pflicht genommen, wenn er daran erinnert, „dass der Auftrag der

---

151 Reinhold Stecher, zitiert in: Institut für den Ständigen Diakonat in der ED Wien (Hg.), Diakonenprofil. Standortbestimmung Ständiger Diakonat, Wien 2016

152 Gisbert Greshake, Priester sein in dieser Zeit. Grundzüge einer Theologie des priesterlichen Amtes, Freiburg-Wien 2000, 173–174

Kirche, ‚sacramentum unitatis' zu sein, schlechthin grenzenlos und universal ist. So wie Christus selber an den ‚allerletzten Platz der Schöpfung ging' (vgl. Phil 2), … so ist auch die Diakonie der Kirche das Zeichen dafür, dass die ihr aufgetragene Einheit restlos alles zu umfassen hat. Angesichts der so entscheidend wichtigen Sendung der Kirche vergegenwärtigt der Diakon sakramental-zeichenhaft nicht Christus als ‚Hirt und Haupt' seiner Kirche, sondern als ‚diakonos'. Das meint keinesfalls, dass die übrigen Amtsträger – Bischof und Presbyter – dem ‚Dienen' enthoben sind. Denn das kirchliche Amt als Ganzes ist unter das Programmwort des ‚Dienens' gestellt. Der Diakon repräsentiert jedoch – innerhalb des einen, dem Volk Gottes dienenden Amtes – in besonderer Weise, nämlich amtlich-sakramental, die ‚diakonia Christi'. Seine Leitungsbefugnis ist nicht wie die des Presbyters auf die Einheit der Gemeinde gerichtet, sondern auf die Erweckung und Begleitung karitativen Tuns. Das entspricht auch dem Befund der früheren Kirche, wo dem Diakon vorrangig der karitative Tätigkeitsbereich zugeordnet ist. Der Diakon steht dafür ein, dass es keine Gottesliebe gibt ohne Nächstenliebe."[153]

9.3 Diakonische Pastoral ist nachhaltig

Die Umsetzung dieser Form der engen Verknüpfung und Verschränkung des zeichenhaften, sakramentalen Dienstes des Diakons und der Entwicklung diakonaler Gemeinden ist ein Weg, den die Urkirche gegangen ist. Die diakonische Authentizität wird meiner Meinung nach unseren Gemeinden und Pfarren zu einer neuen Glaubwürdigkeit verhelfen.

Im Folgenden ein Beispiel, wie das Wirken eines Diakons, der in einer Pfarre eine Leitungsaufgabe hatte, diese nachhaltig geprägt hat: Er versuchte, die ihm anvertraute Gemeinde mündig zu machen, bei den Christen entsprechend ihrer Charismen Verantwortung für das Wohl und Heil ihrer Mitchristen zu entfalten, und hat so in dieser Gemeinde ein Gespür für diakonische Spiritualität geweckt. In einer zweiten Pfarre wurden die Christen durch den bei ihnen wohnenden Pfarrer gut versorgt, ohne Eigenverantwortung erbringen zu müssen. Der Priester, der jetzt beide Pfarren betreut, berichtet im Gespräch über den großen Unterschied und ist voll Freude und Dankbarkeit für die Pfarre, in der der schon vor zehn Jahren verstorbene Di-

153 Ebd., 174

akon wirkte, weil er diese Pfarre eigenverantwortlich und „zum Dienen fit" machte. Die andere Pfarre wartet, bis er als Priester vorgibt, was diakonal zu geschehen hat: von der Organisation von Sammlungen bis hin zur Sorge um die Kranken und Ausgegrenzten oder um Platz für Flüchtlinge zu finden. Der Weg von der versorgten zur selbstverantwortlichen, diakonalen Gemeinde braucht Mut und Geduld, aber Diakonenpersönlichkeiten können Generationen prägen, Gemeinden verändern und eine nachhaltige diakonale Spiritualität entfalten.

Diakone sind berufen, an der Erneuerung der Kirche mitzuwirken. Dazu braucht es Mut zum Wesentlichen, damit es in die Gemeinde hin ausstrahlen kann. Diakonales Denken, Fühlen und Handeln lebt von einer inneren Freude, die sich durch eine bewusste Innerlichkeit erneuert und mitteilt. Durch die Begegnung „mit der Liebe Gottes, die zu einer glücklichen Freundschaft wird, werden wir von unserer abgeschotteten Geisteshaltung und aus unserer Selbstbezogenheit erlöst. Unser volles Menschsein erreichen wir, wenn wir mehr als nur menschlich sind, wenn wir Gott erlauben, uns über uns selbst hinaus zu führen, damit wir zu unserem eigentlicheren Sein gelangen. Dort liegt die Quelle der Evangelisierung. Wenn nämlich jemand diese Liebe angenommen hat, die ihm den Sinn des Lebens zurückgibt, wie kann er dann den Wunsch zurückhalten, sie den anderen mitzuteilen?"[154]

9.4 Diakonische Spiritualität als Weg zu einer lebendigen Kirche

Die diakonische Spiritualität lebt von der Voraussetzung, die Jesus selbst auf unterschiedliche Weise zur Sprache bringt: Das Menschsein Jesu ereignet sich in seinem Einssein mit dem Vater: „Ich und der Vater sind eins" (Joh 10,30). Jesus ist es, der „am Herzen des Vaters ruht" (Joh 1,18), und er ist es, der uns durch Wort und Tat Kunde vom Vater bringt. Das Wort Gottes braucht den Acker des Menschlichen, damit es Frucht bringen kann. An dieser innigen Beziehung zu seinem Vater will Jesus uns Anteil geben, „denn getrennt von mir könnt ihr nichts vollbringen". (Joh 15,5) Dieses Annehmen der innigen Verbundenheit ist auch die Grundlage für pastorale Fruchtbarkeit.

Die Ehre, die dem glaubenden Menschen in dieser Form der Nachfolge zuteil wird, ist die Begegnung mit Gott selbst: „Wenn jemand mich liebt,

154 Papst Franziskus, Evangelii gaudium. Apostolisches Schreiben, 24. November 2013

wird er mein Wort halten; mein Vater wird ihn lieben und wir werden zu ihm kommen und bei ihm Wohnung nehmen." (Joh 14,23) So kann für ein diakonisches Handeln jene aus der Begegnung mit Jesus Christus erwachsende, lebensbejahende und menschenfreundliche Spiritualität als eine diakonische Spiritualität Frucht bringen.

Im Verweilen, Hören und Schauen auf Jesus als den Freund und Meister kann der zum Ständigen Diakon Berufene die ihm anvertrauten Menschen immer tiefer in eine diakonische Spiritualität begleiten. Er wird zum Vermittler dessen, was Jesus den Jüngern ans Herz legt: „Wenn einer mir dienen will, folge er mir nach; und wo ich bin, wird auch mein Diener sein. Wenn einer mir dient, wird der Vater ihn ehren." (Joh 12,26) Am Leben des anderen teilzunehmen, setzt eine Bereitschaft zum Annehmen, ein Sich-Einlassen voraus. Es braucht ebenso die Haltung der Offenheit. Zu unserem Glück und Heil die Hilfe der Mitmenschen in Anspruch zu nehmen, ist oft nicht leicht. Es wird von uns oft als Schwäche und Eingeständnis der Unvollkommenheit erfahren.

Drei wesentliche Ausprägungen diakonischer Spiritualität, wie sie durch Diakone vorgelebt werden soll, sollen hier genannt werden:

Spiritualität des Augenblicks

Eine diakonische Spiritualität ist offen für das, was uns „zufällt" und für den Menschen, dem wir gerade begegnen. Es geht um den kostbaren Moment einer unscheinbaren Begegnung, die Gott selbst wirkt, damit der Same seiner göttlichen Liebe weitergegeben wird und das Herz des Anderen erreicht. In diesem Wesenszug pastoralen Wirkens geht es darum, Jesus ähnlich zu werden, der keine pastoralen Programme hatte, sondern die sehr zufälligen Begegnungen zu einem kostbaren Augenblick für den bzw. die werden ließ, dem bzw. der er begegnete, wie uns die Begegnungen mit Bartimäus, Zachäus oder Maria Magdalena zeigen. Jeder Augenblick, in dem jemand ganz bei dem ist, der ihm gerade begegnet, kann der Augenblick sein, in dem der Same der Liebe Gottes ins Herz eines Menschen fällt. Diakonische Spiritualität ist von ihrem Wesen her offen für die Begegnung im Augenblick, zwischen Tür und Angel. Sie ist eine Spiritualität der Absichtslosigkeit, die allen Menschen in aller Freiheit ermöglicht, zu kommen, zu bleiben und zu gehen. Diakonische Spiritualität sucht – wie Jesus selbst – den Augenblick der Liebe Gottes, abseits der ausgetretenen Pfade, oft auf einsamen Wegen und im Schauen auf den Herrn an einsamen Orten. Sie sucht den kostbaren

Augenblick im unscheinbaren Alltag der Vielen, die darauf warten, gesehen, gehört und angenommen zu werden. Sie sucht und erhofft den Augenblick der Begegnung dort, wo das Netzwerk der Gemeinde nicht hinreicht. Auf diese Weise erreicht die Liebe und Barmherzigkeit Gottes in unscheinbaren und zufälligen Begegnungen ihr Ziel, um für die Menschen der Same zu einem erfüllten Leben zu werden.[155]

Spiritualität der Zuwendung

Eine diakonische Spiritualität, wie sie vom Diakon gelebt werden soll, damit die Gemeinde eine diakonische Gestalt annehmen und leben will, ist gekennzeichnet von einer liebevollen Zuwendung zu allen Menschen. Die unscheinbare, zufällige Begegnung im Alltag bleibt in den Herzen der Menschen. Eine Spiritualität der offenen Augen und helfenden Hände nach dem Vorbild Jesu zu leben und diese Gestalt der diakonischen Zuwendung in den Pfarren und Gemeinden zu fördern, ist das Ziel. Joachim Kittel nennt es „hegende Zuwendung". „Es gilt, für die Menschen, die tagtäglich begegnen, hegend einzutreten, sie im persönlichen Gebet der Liebe Gottes anzuvertrauen und auch gerade in diesem Tun Jesus ähnlich zu werden, der für die Seinen gebetet hat. Hegen heißt in stiller Treue immer neu ein/e Sorgende/r zu werden. Hegen heißt, dort zu sein und helfend einzutreten, wo etwas Nahrung braucht und wachsen will. Hegen heißt aber auch, ein geistliches Gespür dafür zu entwickeln, wo Mitsorge gefordert ist und wo das Wachstum getrost der Liebe Gottes anvertraut werden darf."[156]

Spiritualität der Teilhabe – des Teilnehmens und des Teilgebens

Beim Entwickeln einer Spiritualität der Teilhabe kommt uns unsere Sehnsucht zu Hilfe. Es ist die Sehnsucht, dass Menschen teilhaben wollen, teilhaben an den Gütern der Welt, am Fortschritt, am Erfolg, aber auch an dem, was über das Leben hinausgeht, was unvergänglich ist, was für immer bleibt, was über den Tod hinaus tragfähig ist. Es ist die Sehnsucht nach der Erfüllung unserer menschlichen Grundbedürfnisse, wertvoll, geliebt, frei sowie mit anderen Geschöpfen verbunden zu sein. Dazu kommt die Freiheit, entscheiden zu können, woran wir teilhaben wollen. Sie ist ein Geschenk, das unsere Teilhabe als Mensch auszeichnet. Teilhaben können wir als getauf-

155 Vgl. Joachim Kittel, Diakonische Spiritualität. In: Geist und Leben 3/2015, 288–290
156 Ebd., 291

te Christen am göttlichen Geschehen in Form der Schöpfung und am Erlösungswerk Jesu. „Durch sie hat er uns reich beschenkt, in aller Weisheit und Einsicht, er hat uns das Geheimnis seines Willens kundgetan, wie er es gnädig im Voraus bestimmt hat in ihm“ (Eph 1,8–9). Jesus zeigt im Umgang mit den Menschen, dass er für Einladungen offen ist. Die Hochzeit von Kana, die Annahme der Einladung in das Haus des Zachäus oder in die Häuser der Sünder, das Mahl mit den Jüngern und vieles mehr zeigen seine Bereitschaft zur Teilnahme am Leben aller Menschen, besonders der Ausgegrenzten und Sünder. Jesus geht bewusst auf die Ausgegrenzten zu, lädt sie in seine Nähe ein und hält mit ihnen Mahl. Er hält den Frommen einen Spiegel vor. Er selbst sagt über seine Sendung, dass er gekommen sei, um die Sünder zu berufen und den Eingekerkerten Freiheit zu schenken. Auch die Einsetzung des Sakramentes der Eucharistie im Abendmahl und die Heilungen von Aussätzigen, die Befreiung von Besessenen und Kranken sind Zeichen eines bewussten Teilnehmens an den Abgründen des Lebens. Jesus hat die tiefen Abgründe der menschlichen Natur und des Geistes selbst erfahren und versucht, den Menschen ganzheitliche Heilung zu schenken. Jesus sieht seine Sendung im Annehmen der Freuden und Nöte der Menschen seiner Zeit, indem er hineinhört und erfährt, woran der Mensch krankt, wo er Not leidet und Heilung braucht. Jesus vermittelt den Menschen, denen er begegnet, Anteil an seiner liebenden Beziehung mit seinem Vater. Teilnehmen am göttlichen Leben bedeutet hiermit auch eine Entscheidung, mich auf Gottes Wege einzulassen.

Eine diakonische Spiritualität sieht also so aus: sich bewusst einlassen, zuhören, sich hineinziehen lassen in die Nöte der Anderen, sich selbst ins Herz schauen lassen und letztlich – wie es Bischof Florian Kuntner ausdrückte – „in den Schuhen des Anderen gehen lernen“. So ist es eine große Chance, wenn das Vertrauen des Mitmenschen gewonnen ist, sein Leben im Licht des Evangeliums zu beleuchten und auch das, was Gott mir in meinem Leben geschenkt hat, zur Sprache zu bringen. Von eigenen Erfahrungen und der eigenen Spurensuche nach Gott zu erzählen, wird Vertrauen in Gottes liebende Zuwendung und treue Begleitung vermitteln.

Zur Spiritualität der Teilhabe gehört die Dimension des Teilgebens. Jeder Mensch sucht Beheimatung, eine Behausung für sein Leben, ein Obdach für seine Seele. Erst wenn der Mensch sich angenommen erfährt, wenn ihm der Zugang zum Teilnehmen gegeben ist, kann er in Freiheit seiner Sehnsucht nach Teilgeben nachkommen. Unsere Gesellschaft grenzt viele Menschen –

aus verschiedenen Gründen – aus. Denen, die sich nicht an die gegebenen Normen halten, die aus dem Rahmen fallen, wird in unserer Gesellschaft und auch im engeren Kreis Misstrauen entgegengebracht.

10. DIAKONAT – EIN ALTES AMT IN EINER SICH WANDELNDEN KIRCHE

Persönliche Überlegungen zur Zukunftsgestalt des Diakonats

Eine meiner Jugenderinnerungen ist, dass ich als Achtzehnjähriger von meinem Onkel eingeladen wurde, ihm bei der Erfassung der Wasserquellen für die Ortswasserleitung zu helfen. Es mussten für die zu bauende Ortswasserleitung die einzelnen in der Umgebung zerstreuten Wasserquellen freigelegt und zu einer Sammelstelle, einer Brunnenfassung, geleitet werden. Es war eine nicht leichte Arbeit, aber so habe ich mein erstes Taschengeld verdient. Gemeinsam haben wir die kleinen Wasseraustritte bis in die Tiefe verfolgt und dann dem Wasser den Weg gewiesen, um für unseren Ort mit über tausend Einwohnern die Wasserversorgung sicherzustellen. In Gummistiefeln im sich sammelnden Wasser watend, haben wir die Wasserspuren vom Austritt zurück bis zur Wasserader gesucht, diese gebündelt zum Wasserbehälter geleitet, um sie dort zu sammeln und so das flüssige Nass für unseren Ort zu sichern.

Das Zweite Vatikanum hat mit der Wiedererrichtung des Ständigen Diakonats eine Quellfassung erstellt. Die 50-jährige Geschichte und die vielen Männer, die dieser Berufung gefolgt sind, haben dieses Dienstamt geprägt und es mit Leben erfüllt. Mit der Erweckung des Ständigen Diakonats wurden verschiedene Wasseradern gebündelt und an die Oberfläche gebracht. War es zuerst der Wunsch, den Priestermangel – besonders in den Missionsgebieten – zu lindern, so hat man nicht nur „bewährte Männer" mit ihren Talenten und Charismen durch die Weihe in ein Amt berufen, sondern vor allem einige „geistliche Wasseradern" freigelegt und für die Kirche von heute fruchtbar gemacht.

Eine *erste Wasserader* – und das war sicher auch die Intention des Konzils – ist die Berufung, dem Volk Gottes zu dienen und so am Aufbau des Gottesreiches mitzuwirken. Mit dem Siegel der Weihe sollte dies ein Dienen im Namen der Kirche auf Lebenszeit sein. Ein sakramental personales Amt als Zeichen einer Kirche, die dient – ein Gegenentwurf zu einer Machtfülle.

Eine *zweite Wasserader*, die durch die Einsetzung des Diakonats aufgegriffen und fruchtbar gemacht wurde, ist das Zugeständnis, dass der Diakon als Verheirateter dieses Dienstamt ausüben kann. Durch die Wasserader des Ehesakramentes kann viel Gutes und Bereicherndes in den Dienst des Diakons einfließen.

Die *dritte Ader*, die der Ständige Diakon als seine soziale Kompetenz und Verantwortung in die Kirche einbringt, ist sein Beruf. Nicht nur, dass damit der Lebensunterhalt des neuen Mitarbeiters in der Kirche durch Eigenleistung gesichert ist, er bringt Berufserfahrung und somit berufliche Kompetenz ein, die nicht mit finanzieller Abgeltung abgetan werden kann. Es geht um die Präsenz der Kirche im gesellschaftlichen Umfeld. Auch wenn die berufliche Tätigkeit des Diakons in ein Pensionsverhältnis übergeht, bleiben seine beruflichen Erfahrungen und die soziale Kompetenz.

Die *vierte Wasserader*, die mit der Wiederbelebung des Ständigen Diakonats zu sprudeln begann, ist die von Papst Franziskus immer wieder eingeforderte „Kirche der Armen". Obwohl der Diakon eigentlich „nicht gebraucht wird" und keine fixe Aufgabenzuteilung innerhalb des Ordo hat, wie Vergebungsvollmacht oder Leitungsauftrag, ist er ein Zeuge einer Kirche, die auf Macht verzichtet. Als Helfer des Bischofs und als Vermittler der Frohbotschaft ist er auf Lebenszeit hineingenommen in das Schicksal Jesu, der als „Diener aller" gelebt hat und als Zeuge der Barmherzigkeit des Vaters unter den Menschen erfahrbar wurde.

10.1 Ein flexibles und zukunftsfähiges Amt

Um den Dienst an Gottes geliebten Geschöpfen erfüllen zu können, hat das Konzil sich auch ihrer im Lauf der Geschichte versiegten Quellen besonnen und unter anderem den Ständigen Diakonat neu ins Leben gerufen. Wo der Platz für dieses Amt sein kann, darauf wollen die folgenden Visionen versuchen, Antwort zu geben. Obwohl der Ständige Diakonat erst vor ca. 50 Jahren durch das Konzil wiedereingeführt wurde, hat er wie der Dienst des Bischofs eine lange, bis in die ersten christlichen Gemeinden zurückreichende Tradition.

Die wachsende Zahl und die Qualität an diakonalen Berufungen stimmen freudig für die Zukunft. Die Zeit ist da, wo sich die Dynamik Gottes – auch durch den Dienst der Diakone – in der pastoralen Arbeit übertragen will. Als Verantwortliche für die Ausbildung und Begleitung der Ständigen Diakone legen wir die Pläne und Visionen für die kommenden 50 Jahre vertrauensvoll in die Hände Gottes. Die Hoffnung lebt, dass auf dem Hintergrund des in diesen 50 Jahren entwickelten Berufungsprofils in jeder unserer Pfarren dieser eigenständige Dienst von den Diözesanleitungen gesehen und gefördert wird. „Obwohl der Dienst der Diakone das älteste Amt in der Kirche ist, ist es gleichzeitig das flexibelste und am freiesten zu gestaltende. Stets lautete in der Kirchengeschichte die Devise: die Diakone decken das auf, was die Not der jeweiligen Zeit ist, und decken das an Leitungsverantwortung ab, wofür sich kein anderes Amt zuständig erklärt. Die einzige Konstante für den Diakonat bildet stets die persönliche Identifikation des Amtsträgers mit Christus, dem Diener Gottes und der Menschen."[157]

Der Diakonat baut in der Geschichte der Kirche auf viele große Persönlichkeiten und auf viele selig- und heiliggesprochene Diakone auf. Sie sind für die Entwicklung einer eigenständigen Identität von großer Bedeutung. Waren es doch Menschen, die nicht nur in wichtigen Positionen tätig waren, sondern mit ganzem Herzen der Kirche gedient haben. Es wird zu sehr auf das Ende des Diakonats im fünften Jahrhundert geschaut. Es zeigt sich aber auch, wie wichtig es ist, von den damaligen Fehlentwicklungen zu lernen und das eigentliche Amt und Charisma des Diakonates wieder zu entdecken und für die Zukunft der Kirche neu zu gestalten.

10.2 Zeuge des Wachstums

Bei der Jahrestagung der deutschen Arbeitsgemeinschaft Ständiger Diakonat, bei der auch das 50-Jahr-Jubiläum des Diakonats in Deutschland gefeiert wurde, hat der für die Diakone zuständige Referatsbischof Michael Gerber in seiner Predigt den Diakon als Zeugen des Wachstums bezeichnet. Er verwies dabei auf die von Familienvätern gemachten Erfahrungen: Sie haben bei ihren Kindern verschiedene Wachstumsphasen miterlebt, in denen sie Zeugen und gleichzeitig aktive Begleiter von Wachstumsprozessen waren.

157 Johannes Fichtenbauer, Andreas Frank, 40 Jahre Diakonat. Blick in die Zukunft, Wien, 138

Wachstum in der Natur und Wachstum beim Menschen verläuft nicht linear und ist in vielen Fällen schwer vorausberechenbar. Manchmal liegt über längere Zeit etwas brach und dann kommt es zu Wachstumsschüben, z. B. wenn die ersten Zähne kommen oder das Kind in Sätzen sprechen lernt. Als „Zeugen des Wachstums", so der Referatsbischof, stehen Diakone für „eine wesentliche Dimension kirchlicher Existenz", da die Kirche nicht in erster Linie Organisation, sondern Organismus (Leib Christi, vgl. Röm 12,4) ist. Sie dürfen nicht nur in der eigenen Familie aus den Wachstumsprozessen lernen, auch im Dienst am Wachsen des Reiches Gottes dürfen sie Zeugen des Wachstums zu einer lebendigen Kirche hin sein. Wachstumsprozesse sind bisweilen irritierend und verstörend, und manchmal sind die Kinder und Heranwachsenden in diesen Phasen nicht wiederzuerkennen. In den Wachstumsphasen verändern sich auch die Beziehungen schlagartig und es steigt bei den Eltern die Frage im Herzen auf: „Bist du es, mein Kind, das ich großgezogen habe?" Der Bischof verwies in seiner Predigt darauf, dass die Jünger Jesus nach der Auferstehung neu kennen lernen mussten, obwohl sie viele Jahre mit ihm unterwegs gewesen waren (vgl. Joh 21,4–7). – Ist es Jesus, der ihnen da begegnet? Jesus zeigt sich immer wieder in einer neuen Beziehungsdynamik, ob beim Brotbrechen oder beim Zeigen seiner Wunden. Jede Begegnung ist ein Geburtsvorgang, der existentiell prägt und der damit die Wahrnehmung der Wirklichkeit dauerhaft verändert.[158] Wenn wir uns als Kirche in alter Tradition als Familie Gottes oder Familie Jesu Christi bezeichnen, dann müssen wir uns auch immer wieder fragen, in welcher Familienphase wir uns gerade befinden. Auch bei uns Diakonen ist die Phase der Pioniere vorbei. Jetzt geht es darum, sich den Zeichen und Fragen der Zeit zu stellen. Wir müssen auf dem Hintergrund unserer Erfahrung als Familienväter auch die uns anvertrauten Mitmenschen in ihren Wachstumsprozessen menschlich und geistlich begleiten. Wir müssen die tägliche Realität der Gesellschaft annehmen und wie damals – nach der Erfahrung der Urkirche, wo alle „ein Herz und eine Seele" waren" – nicht stehen bleiben und nur zurückblicken, sondern den Auftrag Jesu zur Sendung zu den Menschen wahrnehmen und sie in ihrem Wachsen begleiten. So können wir, gestärkt von der österlichen Erfahrung des „Ich bin es", die Zusage annehmen: „Ich bin mit euch alle Tage bis zum Ende der Welt". (Mt 28,20)

158 Vgl. Michael Gerber, Der Diakon. Zeuge des Wachstums, Predigt, 18. Januar 2018. In: Arbeitsgemeinschaft Ständiger Diakonat in Deutschland, Bensberg/Köln, Jahresheft 2018, 33–35

10.3 Unser Ort – mitten unter den Menschen

Ein vom Internationalen Diakoneninstitut in Auftrag gegebenes Forschungsprojekt, das in den Jahren 2015 bis 2018 durchgeführt wurde, zeigt Aspekte des Diakonats auf, die dieses „Unter-den-Menschen-Sein" als Ortsbestimmung bestätigen. Die in den deutschen und österreichischen Diözesen von Diakon Norbert Hark durchgeführte Studie zeigt in einer vorläufigen Interpretation, dass der Arbeitsplatz bei den Diakonen eine zentrale Stellung einnimmt. Gerade, weil in Österreich die meisten Diakone in einem Zivilberuf stehen, ist dieser Erfahrungswert sehr wichtig. Die Diakone werden als Männer wahrgenommen, die in persönlichen Notlagen bevorzugt angesprochen werden. Im Umfeld ihres Arbeitsplatzes werden sie auch gern für die Spendung der Sakramente angefragt. Auch hier wirkt sich die persönliche Nähe als Motiv für kirchliches Handeln aus. Diakone wollen einen unmittelbaren Kontakt zu der sie umgebenden Lebenswelt halten und den Menschen in ihrem Lebensalltag nahe sein. Sie grenzen sich somit von der Vorstellung ab, dass ihr Amt sie von der übrigen Lebenswelt trennt.

Diese gleiche Ebene in der alltäglichen Lebenswelt, die Menschen direkt anzuschauen und für sie da sein zu können, ist der Ausgangspunkt diakonalen Handelns. Diakone möchten den Menschen ihre Zuwendung nicht von einem Ort außerhalb ihrer unmittelbaren Lebenswelt schenken, sondern aus dem geteilten Leben mit ihrer persönlichen Umwelt. Dies ist nur möglich, wenn sich eine „geerdete Spiritualität" aus dem lebendigen Wort Gottes und einem Gebetsleben nährt und diese in eine lebendige Beziehung zur Familie und einen geistlichen Bezug zur Alltags- und Berufswelt eingebettet ist. Ein Diakon lehnte die Ernennung zum „Geistlichen Rat" ab mit der Begründung, das sei für seine Beziehung zu den ihm anvertrauten Menschen hinderlich. Er wolle einer von ihnen sein, er wolle durch seinen diakonalen Dienst keinen Vorteil oder keine Macht zeigen, er möchte mit ihnen auf Augenhöhe sprechen können. Als Resümee des ersten Abschnittes der noch nicht abgeschlossenen Studie soll Diakon Hark zu Wort kommen: „Schon in den ersten beiden Phasen der Forschungsarbeit wurde deutlich, wie sehr die interviewten Diakone ihre Einbettung in die moderne Lebenswelt betonen. Es wird spannend sein, zu verfolgen, ob die weiteren Daten diesen Trend bestätigen. Vor allem ist von Interesse, wie die Diakone das Verhältnis von kirchlicher und nichtkirchlicher Lebenswelt definieren."[159] Durch die familiäre und berufliche Kompetenz, die die Ständigen Diakone schon in ihr Diakonsein mitbringen, ist diese Nähe zu den Menschen in ihrem Alltag „als einer von ihnen" gegeben. Sie ist sicherlich eine Stärke gegenüber den im zölibatären Leben stehenden anderen Klerikern. Die Erfahrungen der Kirche mit verheirateten Diakonen zeigen in diesen ersten 50 Jahren in der Pastoral wertvolle Früchte. Das Miteinander von verheirateten und zölibatären Diakonen in der Ausbildung zeigt, dass die beiden Sakramente – Ehe und Weihe – einander ergänzen und entfalten, wenn die Prioritäten des Handelns richtig getroffen werden. Die Ehefrauen tragen wesentlich den diakonalen Dienst ihrer Ehemänner mit und ergänzen durch ihr Mitwirken die kirchlichen und gesellschaftlichen Dienste in Pfarren und Gemeinschaften.

In den Gesprächen mit den Mitbrüdern im Diakonat stelle ich fest, dass sie sich in ihr Aufgabengebiet meistens sehr gut eingearbeitet haben. Sie erfüllen ihre diakonalen Aufgaben zur vollen Zufriedenheit der Menschen am Ort. Sie sind bei den Menschen beliebt wegen ihrer Erfahrung und ihres Einfühlungsvermögens als Männer mit Familie, im Beruf oder schon in Pension. Ihre Aufgaben in der Pastoral erfüllen sie nach bestem Gewissen und bereiten sich auf ihre pastoralen Einsätze gut vor. Sie versuchen, Familie und Diakonat gut zu verbinden, und sind darauf bedacht, dass in ihrem pastoralen Handeln die Familie nicht zu kurz kommt.

Bedingt durch die pastorale Situation haben Diakone viele priesterliche Aufgaben übernommen, die von den Priestern wegen ihres Alters oder wegen Arbeitsüberlastung nicht geleistet werden können. Die Pfarren sind froh, wenigstens einen Diakon in der Pfarre oder im Dekanat zu haben, der die Grunddienste gewährleistet. So haben die Diakone in der Pastoral eine anerkannte Position gefunden, anderseits sind die Pfarren, in denen ein Diakon mitwirkt, glücklich, einen Seelsorger für alles, was anfällt, zu haben.

Diakone haben auch unter den hauptamtlichen Seelsorgern und in der Krankenhausseelsorge ihren Platz gefunden und leisten dort ihren Dienst zur vollen Zufriedenheit. So ist einleuchtend, dass Bischöfe und diözesane Verantwortliche sich über viele Bewerber zum Ständigen Diakonat freuen,

159 Norbert Hark, Pro Diakonia im deutschsprachigen Raum. Ein erster Zwischenbericht. In: Diaconia Christi 51/2016, 146

weil sie so die seelsorgliche Arbeit in den Pfarren – wenn schon nicht mit einem Pfarrer, so doch mit einem „Geweihten" – abdecken können. Ständige Diakone – noch dazu, wenn sie ehrenamtlich arbeiten – scheinen Hoffnung zu geben, auch in Zukunft die pastoralen Herausforderungen bedienen zu können. Es besteht allerdings die Gefahr, dass der Diakon – als Priesterersatz – seine eigenständige Identität verliert.

Die Diakone wünschen sich von der Kirchenleitung eine konstruktive und kreative Verknüpfung der hierarchischen und synodalen Strukturen, die eine geschwisterliche Einbindung in pastorale Entscheidungen garantiert, eine gemeinsame Entwicklung von pastoralen Initiativen und Projekten fördert und eine bessere Verankerung der Dienste der Diakone in den pfarrlichen Profilen gewährleistet.

10.4 Ehe und Weihe – Plädoyer für eine doppelte Sakramentalität

Seit dem Zweiten Vatikanischen Konzil öffnet sich die römisch-katholische Kirche für die Möglichkeit der doppelten Sakramentalität von Ehe und Weihe. Die Realität des Ständigen Diakonats in der Weltkirche hat eine neue Situation hervorgebracht. Seit dem Zweiten Vatikanum sind über 48.000 Ständige Diakone geweiht worden, von denen ca. 93 % verheiratet sind. Somit haben sich ca. 45.000 Frauen gemeinsam mit ihren Männern für eine gemeinsame diakonale Lebensform entschieden. Die betroffenen Frauen können bestätigen, dass das Anteilnehmen an der Berufung des Ehemanns zum Diakonat kein leichter Weg ist. Es ist eine Gabe Gottes, die sie voll Hoffnung auf ein gemeinsames Gelingen der Partnerschaft annehmen. Montserrat Martínez Deschamps, die Vertreterin der Frauen im Internationalen Diakonatszentrum, drückt es folgendermaßen aus:

> „In der Tradition der Kirche heißt es seit Paulus (1 Kor 7,32–38), dass die Liebe zu Gott größer und vollkommener ist, wenn das Herz eines Menschen nicht geteilt ist, das heißt, wenn er diese Liebe zu Gott mit keiner menschlichen Liebe teilt und somit seine Hingabe vollständig ist. Oft galten Zölibat, religiöse Berufung und Priesteramt als bessere Lebensentwürfe, als heiliger und vollkommener als die Ehe. Es ist aber auch denkbar, dass die Antwort auf Gottes Liebe in verschiedenen Lebensphasen konkret werden kann. Gott macht uns in seiner Gnade das Herz

> weit (Psalm 119,32) und vergrößert unsere Fähigkeit zu lieben. Ebenso ist es, wenn eine Mutter ihrem ersten Kinde ihre ganze Liebe schenkt. Hat sie aber mehr Kinder, wird ihr das Herz weit und ihre Liebe vervielfacht sich: Jedes Kind erhält die ganze Liebe der Mutter. Man darf nicht vergessen, dass beide Sakramente, das der Ehe und das der Weihe, Ausdruck der Liebe und Gnade Gottes unter den Menschen sind: Die Weihe erfolgt zum Heil des Nächsten. Beides sind Sakramente an der Gemeinschaft."[160]

In seinem Grußwort zum 20-Jahr-Jubiläum der Diakone in der Diözese Gurk-Klagenfurt betonte der damalige Referatsbischof Alois Schwarz, dass die Ständigen Diakone das Geschenk der doppelten Sakramentalität leben:

> „Für mich sind die Diakone Männer Christi in der Gesellschaft und dann auch Männer der Kirche in der Gesellschaft. Wichtig ist die Christusrepräsentanz und zwar in der Berufung und in der Lebensform. Viele Diakone leben in der ‚doppelten Sakramentalität': in der Sakramentalität Ordo und in der Sakramentalität Ehe. Das gilt es als Kostbarkeit in unserer Kirche zu schätzen. Hier wirken Menschen in doppelter Sakramentalität, wobei die Frauen gemeinsam mit ihrem Mann Repräsentanten des Bundes Gottes sind. Das ist es, was Männer und Frauen in Sakramentalität von Ehe zeichenhaft in die Welt einbringen. Der Diakon steht in ‚persona Christi servians', als Stellvertreter Christi, des Dienenden, des sich für die Welt Hingebenden, der Pro-Existenz Christi. Es ist ein enormer Reichtum, dass wir diese Form von Sakramentalität in der Kirche haben. Wenn das Konzil schon definiert – Kirche ist Sakrament, d. h. Zeichen und Werkzeug für die Vereinigung der Menschen untereinander (vgl. Kirchenkonstitution Nr. 1) –, dann kann diese Sakramentalität in der Theologie der Kirche nur sakramental dargestellt werden. Dazu braucht es eben die sakramentale Lebensform und den sakramentalen Dienst im Ordo und in der Sakramentalität von Ehe, wobei das dann ein Darstellen der Liebeszuwendung Gottes im Bund zu den Menschen ist. Der Priester feiert diesen Bund in der Eucharistie und der Diakon lebt diesen Bund sakramental in der Ehe. Beides braucht unsere heutige Gesellschaft. Das ist ein prophetischer Dienst, weil es in unseren ‚Familien-

---

160 Montserrat Martinez Deschamps, Ehe und Diakonat, 159

> konstellationen' oft nicht mehr üblich ist, nicht mehr gelebt und nicht mehr verstanden wird. Im Grunde sind die Diakone prophetisch herausgefordert, sakramental eine Gegengesellschaft zu leben – in Ehe und im Ordo – und so dann die Priester zu stützen oder an der Seite der Priester mit dem Bischof für die Menschen da zu sein."[161]

Aus diesen Gründen trete ich – wie die meisten Diakone – für den Diakonat der Frau ein. Wenn Frauen und Männer gemeinsam den Bund Gottes mit den Menschen zeichenhaft in der Welt repräsentieren, können Frauen in Zukunft nicht mehr länger von der doppelten Sakramentalität ausgeschlossen bleiben. „Unsere Vision ist, dass es der Kirche in Zukunft möglich sein wird, die Vielfalt an Charismen und Berufungen verstärkt anzunehmen – insbesondere auch die Berufung von Frauen zum Diakonat –, und es damit noch besser gelingen kann, das Potenzial des Diakonats für eine menschenzugewandte, diakonale Kirche zu nützen. Wir freuen uns, wenn im Gebet um geistliche Berufe der Diakon – und in Hinkunft auch die Diakonin – ihren festen Platz haben."[162]

10.5 Die Zeichen der Zeit erkennen

Wir sind immer herausgefordert, die „Zeichen der Zeit" zu entdecken und neu wahrzunehmen, was der Glaube uns schenkt: die befreiende Botschaft für die Menschen. Neue Dienste geben Antwort auf neue Herausforderungen und Nöte der Menschen. So stellt sich die Frage nach den Herausforderungen unserer Zeit, die den Dienst des verheirateten Diakons notwendig machen. Die Entscheidung des Konzils ist mehr als eine Belebung eines alten Dienstamtes, sie ist auch ein Zeichen von Gottes Gegenwart in der Kirche. Das Konzil fordert uns auf, uns nicht hinter Kirchenmauern zu verstecken, sondern hinauszugehen, wo die Menschen leben, wo sie mit dem Alltag und den Fragen des Lebens ringen. Die Kirche muss hineingehen in die Milieus, in denen die Menschen leben. Diakone dürfen den Orten der gebrochenen Beziehungen und des Misstrauens nicht ausweichen. Wir sind

---

161 Alois Schwarz, Diakone – Männer der Liebe Christi. 20 Jahre Ständiger Diakonat in der Diözese Gurk-Klagenfurt 2007, 8

162 Arbeitsgemeinschaft Diakone Österreichs (Hg.), Diakonenprofil. Standortbestimmung, Wien 2016

von Papst Franziskus eingeladen, einzutauchen in die „unerlöste Welt“, in der die Menschen leben, und zu versuchen, ihr Leben mit ihren Augen sehen zu lernen. Jünger Christi müssen wie Jesus hinabsteigen in die Abgründe des Lebens, wie es der Philipperbrief von Jesus beschrieben hat.[163]

Der Grazer Pastoraltheologe Rainer Bucher sieht in der Annahme unserer Berufung einen guten Weg in die Zukunft. Es ist die Aufgabe des Weiheamtes, die „Vorgegebenheit der Liebe Gottes“ in den Strukturen der Kirche zu verwirklichen. Die Weihe kann eine wichtige Hilfe sein, Dinge, die in der Perspektive früherer kirchlicher Zeiten und Theologien als Stigmata erscheinen, in Gaben und Chancen umzuwerten und sie auch so zu erleben und wirken zu lassen. Dass es so etwas wie eine sakramentale Weihe im Volke Gottes gibt, ist eine wirkliche Chance. Es ist die personale Institutionalisierung des Glaubens des Volkes Gottes an die größere Gnade Gottes. Es ist die feierliche Institutionalisierung des Glaubens, dass Gott sich den Menschen unwiderruflich und mit uneinschränkbarer Ausdauer zuwendet. Dafür gibt es die Weihe in der Kirche. „Wenn Sie in Ihrem pastoralen Tun Menschen helfen und ‚auferbauen‘, wenn Sie dabei spüren, wie Sie bei aller Anstrengung auch selbst froh und ‚voll der Gnade werden‘, wenn Sie spüren, dass dieses Tun ausstrahlt und aufmerksam macht für die Wirklichkeit der Gegenwart, genau dann werden Sie eine Gnade für andere sein.“[164] Bucher zitiert in seinem Referat den Tübinger Theologen Ottmar Fuchs: „Wenn sich die Kirche insgesamt der Gnade Gottes verdankt und damit seiner ‚Diakonie‘ den Menschen gegenüber, dann darf es als Spezifikum des Weiheamtes angesehen werden, genau dieser Vorgegebenheit Wirkung und Gestaltung zu ermöglichen.“[165]

---

163 Vgl. Antonio Spadaro, Andreas R. Batlogg (Hg.), Das Interview mit Papst Franziskus, Freiburg 2014, 48

164 Rainer Bucher, Das freie Amt. Der Diakon in der zukünftigen Sozialgestalt der Kirche. Referat Österreichtagung, Wien 2011, 9

165 Ottmar Fuchs, Im Innersten gefährdet. Für ein neues Verhältnis von Kirchenamt und Gottesvolk, Innsbruck-Wien 2009, 50. Zitiert bei Bucher, Das freie Amt, 9

10.6 Diakonische Ausblicke unter Papst Franziskus

Das Leben und Wirken von Papst Franziskus ist für mich ein Zeichen der Zeit, dass die Kirche für einen neuen Aufbruch, hin zu einer diakonalen Gestalt, reif ist. Als Bischof von Rom und als oberster Hirte in einer schwierigen Zeit setzt er mutige Zeichen eines anstehenden Neuaufbruches. Im offenen Ansprechen der Wunden unserer Zeit, in von ihm dazu gesetzten Zeichen geht er mutig voran und fordert von den Verantwortlichen in Kirche und Welt ein Um- und Weiterdenken der aktuellen Gegebenheiten. Er versucht, der im Zweiten Vatikanum angesprochenen Entwicklung durch konkrete Schritte Rechnung zu tragen, durch Zuwendung und Schutz der Schwächsten, durch eine im Dienst an den Menschen an den Rand der Gesellschaft gehende Kirche. Insofern gewinnt der im Konzil wiedererrichtete Diakonat und die damit verbundene Schwerpunktsetzung einer Spiritualität der offenen Augen und der helfenden Hände eine neue Bedeutung. Wenn der Papst auch nicht explizit den Weihestand der Diakone anspricht, so ist es doch jene Berufung, die den Blick richtet auf das Defizit, auf die Herausforderung an alle, mit ganzem Herzen für die Menschen und ihr Heil da zu sein.

Anlässlich des 28. Weltjugendtages in Rio de Janeiro im Juli 2013 zeichnete Papst Franziskus in seiner Ansprache an die brasilianischen Bischöfe das Bild einer diakonischen Kirche, die gerade in der Einfachheit ihres Dienstes fähig zur Begegnung mit den Menschen wird:

> „Liebe Mitbrüder, das Ergebnis der pastoralen Arbeit stützt sich nicht auf den Reichtum der Mittel, sondern auf die Kreativität der Liebe. (…) (Die Kirche) darf sich nicht von der Einfachheit entfernen, andernfalls verlernt sie die Sprache des Mysteriums und bleibt außerhalb der Tür zum Mysterium und kann offensichtlich nicht Zugang zu denen gewinnen, die von der Kirche das verlangen, was sie sich selber nicht geben können, nämlich Gott. Manchmal verlieren wir diejenigen, die uns nicht verstehen, weil wir die Einfachheit verlernt haben, da wir von außerhalb auch eine Rationalität einführen, die unseren Leuten fremd ist. Ohne die Grammatik der Einfachheit beraubt sich die Kirche der Bedingungen, die es ermöglichen, Gott in den tiefen Wassern seines Mysteriums zu ‚fischen'. (…) Es braucht eine Kirche, die keine Angst hat, in die Nacht (der Menschen) hinein zu gehen. Es braucht eine Kirche, die fähig ist, ihnen auf ihren Wegen zu begegnen. Es braucht eine Kirche, die sich in

> ihr Gespräch einzuschalten vermag. Es braucht eine Kirche, die mit jenen Jüngern zu dialogisieren versteht, die aus Jerusalem fortlaufen und ziellos allein mit ihrer Ernüchterung umherziehen, mit der Enttäuschung über ein Christentum, das mittlerweile als steriler, unfruchtbarer Boden angesehen wird, der unfähig ist, Sinn zu zeugen.“[166]

Am 25. März 2017 kam es im Mailänder Dom zu einer Begegnung des Papstes mit Priestern, Ständigen Diakonen und Ordensleuten. Die Frage des Diakons Roberto Crispi: „Was ist unser Teil als Ständige Diakone, um dazu beizutragen, jenes Antlitz der Kirche aufzuzeigen, das demütig ist, das uneigennützig ist, das glückselig ist: von dem wir spüren, dass es in Ihrem Herzen ist und von dem Sie oft zu uns sprechen?“ beantwortet der Papst spontan mit folgender Ermutigung:

> „Danke, ihr Diakone habt viel zu tun, viel zu tun. (…) Ihr habt ein klares Charisma in der Kirche und müsst es aufbauen. (…) Euch Diakonen kommt der Dienst zu. Dieses Wort ist der Schlüssel, um euer Charisma zu verstehen. Das Dienen als eine der Gaben, die das Gottesvolk kennzeichnet. Der Diakon ist sozusagen der Hüter des Dienstes in der Kirche (…). Ihr seid nicht halbe Priester und halbe Laien – das würde bedeuten, den Diakonat zu ‚funktionalisieren‘ –, sondern ihr seid das Sakrament des Dienstes an Gott und an den Brüdern. Und aus diesem Wort ‚Dienst‘ kommt die ganze Entwicklung eurer Arbeit, eurer Berufung, eures Daseins in der Kirche: eure Berufung, die wie alle Berufungen nicht nur individuell ist, sondern in der Familie und mit der Familie gelebt wird – im Volk Gottes und mit dem Volk Gottes.
> Zusammenfassend: Es gibt keinen Dienst am Altar, es gibt keine Liturgie, die sich nicht dem Dienst an den Armen öffnet, und es gibt keinen Dienst an den Armen, der nicht zur Liturgie führt; es gibt keine kirchliche Berufung, die keine familiäre Berufung ist. Das hilft uns, den Diakonat als kirchliche Berufung wieder aufzuwerten. Letztlich muss heutzutage scheinbar alles ‚uns dienen‘ so, als sei alles auf das Individuum ausgerichtet: das Gebet ‚dient mir‘, die Gemeinschaft ‚dient mir‘. Das ist ein Merkmal unserer Kultur. Ihr seid das Geschenk, das der Geist uns macht,

---

166 Libreria Editrice Vaticana (Hg.), Papst Franziskus – Ansprache an die Bischöfe Brasiliens. Rio de Janeiro, 27. Juli 2013

> um zu erkennen, dass der richtige Weg in die entgegengesetzte Richtung führt. Im Gebet diene ich, in der Gemeinschaft diene ich, durch die Solidarität diene ich Gott und dem Nächsten. Und Gott möge euch die Gnade schenken, in diesem Charisma zu wachsen, den Dienst in der Kirche zu bewahren. Danke für das, was ihr tut."[167]

Ja, wenn alle und alles – auch in der Kirche – nur „mir" dienen muss und es niemanden mehr gibt, der selbst zum Dienst an den Anderen bereit ist, dann wäre es wohl schlecht bestellt um eine Gesellschaft, die sich so sehr nach Mitmenschlichkeit und Zuwendung sehnt und sich zugleich auf einen Ego-Trip begibt, der unmenschlich macht. Papst Franziskus erkennt und benennt diese Gefahr eines individualistischen Heilsegoismus, mit dem niemandem gedient ist.

Gibt es eine treffendere Zusammenfassung für die Berufung des Diakons als den klaren Auftrag von Papst Franziskus und seine so persönliche und identitätsstiftende Ermutigung? Eine Berufung, die innerhalb der eigenen Familie gelebt wird, zuerst als Dienst an der Ehepartnerin und den Kindern, ein liturgischer Dienst, der die Armen „ins Gebet nimmt" und die vorrangige Option Jesu für sie als „Geheimnis des Glaubens" verkündet, das Hinausgehen an die Peripherien dieser Welt zu den Ausgegrenzten und Ausgeschlossenen. Mein Weg des Diakonats, den ich über viele Jahre gemeinsam mit meiner Frau in meiner Familie sowie mit vielen Diakonen in der Aus- und Weiterbildung und in der seelsorglichen Begleitung als menschlich und spirituell erfüllenden Weg gegangen bin, ist und bleibt für mich ein Dienst der Zuversicht innerhalb einer Kirche, deren Markenzeichen die Diakonie ist.

167 Papst Franziskus, Mailand 2017. Zitiert in: Riße, Boten einer neuen Zeit, 163–164

NACHWORT VON FRANZ WEBER

Ein Amt, das in die Zukunft weist

Man kann es Papst Franziskus kaum absprechen, dass er für manche Erneuerungen, die in der gegenwärtigen pastoralen Situation dringend notwendig sind und die in vielen Ortskirchen längst eingefordert werden, sich aber offensichtlich auf gesamtkirchlicher Ebene (noch) nicht durchsetzen lassen, ein besonderes Gespür besitzt. Was er den Diakonen in Mailand[168] auf eine sehr persönliche Art und Weise ans Herz legte, spricht ganz für den mutigen Weitblick dieses Papstes.

Aus pastoralgeschichtlicher und ämtertheologischer Perspektive kann die Entscheidung des Zweiten Vatikanischen Konzils, die Wiedereinführung des Ständigen Diakonats für verheiratete Männer trotz großer Widerstände für die Gesamtkirche zu ermöglichen, die Entscheidung darüber aber den einzelnen Bischofskonferenzen zu überlassen, als ein mutiger Schritt bezeichnet werden. Papst Paul VI. förderte den Ständigen Diakonat und schuf dafür die kirchenrechtlichen Rahmenbedingungen. Was unter seinem Pontifikat in der Aufbruchsstimmung nach dem Konzil noch möglich war, hätte vermutlich unter den folgenden Päpsten kaum noch eine Chance zur Verwirklichung gehabt.

So sehr die Wiederbelebung dieses in der alten Kirche einmal so bedeutenden Amtes von vielen Bischöfen auf dem Konzil selbst zuerst fast nur als pastorale Aushilfe und Unterstützung in priesterarmen Gebieten gesehen und eingeführt wurde, so kreativ haben Diakone selbst ihr Amt ausgestaltet und in vielen Formen und Aufgabenbereichen weiterentwickelt. Es war rückblickend zweifellos von Vorteil, dass sich das Konzil in seinem sehr pragmatischen Ansatz nicht auf eine bestimmte Gestalt des Diakonats

168 Siehe Anm. 167

festgelegt hatte[169], sondern den Raum für eine breit gefächerte und flexible Ausformung offen ließ, die sich jeweils aus der Lebensform, aus den sehr verschieden gelagerten beruflichen Qualifikationen und Erfahrungen und aus der von Ortskirche zu Ortskirche, von Pfarrgemeinde zu Pfarrgemeinde sehr verschiedenen sozialen und kirchlichen Situation ergab.

Der Österreichischen Bischofskonferenz und einzelner ihrer Protagonisten, die sich um die Förderung des Diakonats besonders verdient gemacht haben, vor allem den Diakonen und ihren Frauen und Familien, aber auch einigen Priestern und theologischen Begleitern darf diesbezüglich ein gutes Zeugnis ausgestellt werden. Dass der Ständige Diakonat sich als Segen für die Kirche in Österreich erweisen konnte, lag nicht nur an der raschen und entschlossenen Einführung durch die Bischofskonferenz, auch nicht nur an der wachsenden Zahl derer, die sich für dieses Weiheamt zur Verfügung stellten und an der doch recht positiven Akzeptanz der Diakone in den einzelnen Bereichen der Gemeinde- und Sozialpastoral. Den beiden Rahmenordnungen der Bischofskonferenz von 1988 und 2010 mit ihren zukunftsweisenden Bestimmungen für das Selbstverständnis und die Ausbildung und Weiterbildung der Diakone ist anzusehen, dass sie nicht von oben herab „verordnet", sondern auf der Grundlage der im Laufe der Jahre gemachten Erfahrungen von den Diakonen selbst und ihren bischöflichen und theologischen Begleitern erarbeitet wurden.

Was diese Richtlinien besonders auszeichnet, ist eine klare theologische und pastorale Profilierung der genuin diakonischen Identität, die das Amt des Diakons von dem des Priesters unterscheidet und ihm seinen eigenen und unverwechselbaren Platz im Leben der Kirche gibt. Die Erfahrung, die bisher in den österreichischen Diözesen gemacht wurde, ist aus meiner Sicht und aus meiner Tätigkeit in der Begleitung von Ständigen Diakonen und ihren Ehefrauen und Familien ein theologischer Ort, an dem sich einige Fragen, die in den letzten Jahrzehnten in der Kirche immer wieder und mit zunehmender Vehemenz gestellt, verdrängt, einfach überhört und übergangen, zum Teil auch „verboten" wurden, von einer biographisch-existentiellen Erfahrungsebene her auf eine neue und, wie mir scheint, theologisch ernsthafte und durchaus überzeugende Weise neu stellen.

---

169 Vgl. Lunglmayr, Diakonat, 22

Lernerfahrungen, die weiterführen

Es ist bei Weitem nicht so, dass man in der Kirche noch nie etwas aus der Geschichte gelernt hat oder nie etwas aus früheren Erfahrungen lernen wollte, wie das manchmal behauptet wird. Als das Zweite Vatikanische Konzil die Möglichkeit zur Wiederherstellung des Diakonats „als eigene und beständige hierarchische Stufe" eröffnete, war nicht vorauszusehen, zu welchen Erfahrungen dieses Experiment führen würde. Was sind die tieferen Gründe dafür, dass sich dieses diakonale Weiheamt in den Jahrzehnten seit dem Konzil nicht nur zahlenmäßig so gut entwickelt, sondern bei allen Grenzen, an die seine Ausübung auch stößt, pastoral bewährt hat und in den Gemeinden im Allgemeinen sehr wohlwollend angenommen wurde?

Es war sicher nicht in erster Linie die umfangreiche theologische Literatur, die zu diesem Amt in der alten Kirche und zu seiner Wiedereinführung durch das Konzil entstand und die sich zweifellos als hilfreich erwies. Im letzten waren es in Österreich wohl auch nicht die Förderung durch und die Richtlinien der Bischofskonferenz, die zu einer mehr oder weniger gemeinsamen Linie in der Diakonatsausbildung in den österreichischen Diözesen führten. Im Rückblick auf den Diakonat in Österreich lässt sich mühelos feststellen, dass es gewiss der Mut zum Wagnis und der Einsatz der ersten und der weiteren Generationen von Diakonen und ihren Frauen war, die sich durch Widerstände und Vorurteile aus verschiedenen Richtungen der Kirche nicht entmutigen ließen.

Der Autor dieses Buches, Diakon Franz Ferstl mit seiner Frau Maria, gehört zweifellos zu den wichtigsten Wegbereitern und Wegbegleiterinnen der Ständigen Diakone in Österreich. Sie haben den Weg der Diakone in der österreichischen Kirche miterlebt, geprägt und mitgestaltet und ihn zu ihrem Lebensinhalt gemacht. Franz Ferstl verkörpert für viele, die er in ihrer Aus- und Weiterbildung begleitet und denen er auf Österreichtreffen begegnet ist, „leibhaftig" das, was man sich unter einem Diakon vorstellt. Deshalb ist dieses Buch auch mit viel Herzblut geschrieben, ein lebendiges Zeugnis für das Ringen um eine zeitgemäße Gestalt eines Amtes in der Kirche, das durch die Ausübung eines Zivilberufes und die Erfahrung von Partnerschaft, Ehe und Familie einen neuen Zugang zu den Menschen unserer Zeit eröffnet. Die vielen Diskussionen, die zum Teil schon vor dem und während des Zweiten Vatikanischen Konzils geführt wurden, die man vonseiten der Päpste, der römischen Kurie und der Bischofskonferenzen immer wieder lehramtlich zu beenden versuchte, brechen nun angesichts der prekären pastoralen Situation wieder erneut auf. Können die Erfahrungen von 50 Jahren Diakonat in Österreich und in vielen Teilen der Weltkirche einen konstruktiven Beitrag zur Klärung einer glaubwürdigen Zukunftsgestalt der kirchlichen Ämter für Männer und Frauen leisten?

Diakon Franz Ferstl hat dazu mit seinem Buch einen sehr persönlich gefärbten Beitrag geleistet. Sein überzeugendes persönliches Bekenntnis zu seiner Berufung, die von ihm dokumentierten Lebenszeugnisse anderer Diakone und ihrer Frauen, die Beschreibung der Entwicklungen, die der Diakonat in der österreichischen Kirche durchlaufen hat und die authentischen Überlegungen zu einer Theologie, Spiritualität und Amts- und Lebenspraxis von verheirateten Ständigen Diakonen: All das macht dieses Buch auch zu einer Anfrage an unsere Kirche, die sich mit manchen Herausforderungen, vor die sie sich heute gestellt sieht, offensichtlich sehr schwer tut.

Ich selbst habe in meinem langjährigen Einsatz in Brasilien in der Begleitung kirchlicher Basisgemeinden viel gelernt. In meinen Forschungsaufenthalten in den Kirchen des Südens durfte ich vielen Frauen und Männern begegnen, die als Laien in verschiedenen Dienstämtern die Gemeinden begleiten und leiten. In der Auseinandersetzung mit den pastoralen Fragen und Problemen, die im deutschen Sprachraum Bischöfe und Priester, vor allem aber die Pfarrgemeinden selbst in den größer werdenden Seelsorgeeinheiten bewegen, war ich natürlich auch immer wieder mit der Frage der Zukunftsgestalt der Leitungsämter der Kirche konfrontiert. Eine wertvolle Lernerfahrung darf ich seit einigen Jahren zweifellos als Bischöflicher Beauftragter für die Ständigen Diakone in der Diözese Innsbruck machen. Die Art und Weise, wie verheiratete Diakone im Spannungsfeld zwischen Zivilberuf und Familie, als Ehemänner, Väter und Großväter, aber auch in einer kirchlichen Anstellung ihr Amt als Diakon ausüben, wie sie der Kirche in ganz verschiedenen sozialen Diensten ein menschlich sympathisches und barmherziges Gesicht geben, macht mich froh, aber auch nachdenklich. Was ich in diözesanen und regionalen Treffen der Diakone – auch in Fortbildungsveranstaltungen in anderen Diözesen – vor allem im persönlichen Gespräch mit den Diakonen, mit ihren Frauen und ihren Familien wahrnehme, bildet den Sitz im Leben der folgenden Überlegungen zur Zukunftsgestalt der kirchlichen Ämter.

Diakonat als amtliche Anwaltschaft für die Armen

Das Zweite Vatikanische Konzil hat für ein neues Selbstverständnis der Kirche als „Kirche in der Welt von heute" die theologischen und lehramtlichen Voraussetzungen geschaffen. Die Kirche versteht sich seither als Gemeinschaft von Jüngerinnen und Jüngern, „für die es nichts wahrhaft Menschliches gibt, was nicht in ihren Herzen seinen Widerhall fände". Diese Kirche bemüht sich um ein menschliches Angesicht, weil ihre Gemeinschaft selbst aus Menschen gebildet ist, für die die Wahrnehmung von „Freude und Hoffnung, Trauer und Angst der Menschen von heute, besonders der Armen und Bedrängten aller Art"[170] den pastoralen Grundauftrag darstellt. Und diese Ekklesiologie ist fürwahr keine Theorie geblieben. Es gibt sie, hundertfach und tausendfach, diese demütige, zum selbstlosen Dienst bereite Kirche, die von Millionen von Christinnen und Christen weltweit mit Leib und Seele verkörpert wird. Braucht es da wirklich ein eigenes Amt, damit unsere Kirche diakonisch wird?

Ja, das braucht es! Wenn Papst Franziskus in seiner Ansprache an Diakone im Mailänder Dom im Diakonat ein Geschenk sieht, das der Geist der Kirche von heute macht, um sie an ihren diakonischen Grundauftrag zu erinnern, dann weist er ihr damit den Weg in die Zukunft, der zweifellos über ihre Glaubwürdigkeit als Verkünderin der befreienden Botschaft des Evangeliums entscheidet. Denn wer in der Welt von heute nur die Nächstenliebe verkündet und von der Befreiung der Unterdrückten spricht, sich aber nicht konkret dafür einsetzt, dass Rechtlose zu ihrem Recht kommen, wer sich nicht auf die Seite der Armen und Ausgegrenzten stellt und sich für die Veränderung ihrer Lebensbedingungen einsetzt, der bringt die Botschaft Jesu durch seine Tatenlosigkeit nur in Misskredit.

Die Kirche hat nicht nur eine Diakonie, sie ist ihrem Wesen nach, in ihrer Grundgestalt in die Tat umgesetzte Diakonie. Und sie ist das nach dem Bild dessen, den sie darstellt, der „sich entäußerte und wie ein Sklave wurde" (Phil 2,7):

> „Christus wurde vom Vater gesandt, ‚den Armen frohe Botschaft zu bringen, zu heilen, die bedrückten Herzens sind' (Lk 4,18), ‚zu suchen und zu retten, was verloren war' (Lk 19,10). In ähnlicher Weise umgibt die Kir-

170 Zweites Vatikanisches Konzil, Gaudium et spes, 1

che alle mit ihrer Liebe, die von menschlicher Schwachheit angefochten sind, ja in den Armen und Leidenden erkennt sie das Bild dessen, der sie gegründet hat und selbst ein Armer und Leidender war. Sie müht sich, deren Not zu erleichtern, und sucht Christus in ihnen zu dienen."[171]

Mit diesem leider zu wenig rezipierten Text der Kirchenkonstitution hat das Konzil auf Betreiben einer Gruppe von Konzilsvätern, die sich im so genannten Katakombenpakt zusammengeschlossen hatten, eine Wesensaussage über die Kirche gemacht, die nicht hinterfragbar ist, weil sie ihren Grund in der Person und in der Lebenspraxis des menschgewordenen Gottessohnes hat. Deshalb gilt die so genannte „Vorrangige Option für die Armen", die auch in die kirchliche Soziallehre Eingang gefunden hat, für die gesamte Kirche, für all ihre Gemeinden und für alle Gläubigen.

Wer aber macht sich zum Anwalt dieser Option? Wer klagt sie ein? Wer verkörpert sie mit amtlicher Vollmacht? Peter Hünermann hat in seinem Konzilskommentar mit Recht darauf hingewiesen, dass „die mittelalterliche Fixierung auf den sacerdotalen Dienst ... faktisch zu einer weitgehenden Ausgliederung der diakonalen Funktionen aus dem Spektrum amtlicher Dienste in der Kirche geführt" hat. Die Diakonie als Wesenszug des Gottesvolkes war in seinen sakramentalen Ämtern nicht repräsentiert und wurde vielfach aus dem theologischen Blickfeld verdrängt.[172] Sie wäre auch in der Glaubenspraxis noch stärker an den Rand oder in Vergessenheit geraten, hätten nicht religiöse Vereinigungen wie zum Beispiel die Bruderschaften oder die kirchlichen Orden und viele Heilige sie entschlossen praktiziert.

Nachdem im Verlauf der zweiten Hälfte des 20. Jahrhunderts fast überall, besonders aber im deutschsprachigen Raum, durch die Caritas eine professionell arbeitende Dienstleistungsstruktur für die unterschiedlichen menschlichen Nöte entstanden war und es damit zu einer Ausgliederung diakonischer Dienste aus den Pfarrgemeinden kam, sind diese in Gefahr, immer mehr zu rein liturgischen Dienstleistungsinstitutionen zur Befriedigung religiöser Grundbedürfnisse zu werden.[173] Wo eine klare Orientierung und diakonische Profilierung des Diakonats fehlt, wo Ständige Diakone diese

171 Zweites Vatikanisches Konzil, Lumen gentium, 8

172 Peter Hünermann, Theologischer Kommentar zum Dekret über die Missionstätigkeit der Kirche Ad gentes. In: Herders Theologischer Kommentar, Bd. 4, Freiburg-Basel-Wien 2005, 286

173 Ders., Theologischer Kommentar zur dogmatischen Konstitution über die Kirche Lumen gentium. In: Herders Theologischer Kommentar, Bd. 2, Freiburg-Basel-Wien 2004, 459

Anwaltschaft für die Menschen, die am Rand der Gesellschaft und meistens auch am Rande oder außerhalb der Kirche stehen, nicht mehr wahrnehmen, sondern sich auf den Dienst am Altar, auf die verschiedenen Formen von Liturgie und Verkündigung und auf die Sakramentenspendung beschränken, leisten sie einer Entwicklung Vorschub, die weder der spezifischen Identität ihres Weiheamtes noch dem diakonischen Grundauftrag der Kirche und ihrer so dringend notwendigen Präsenz bei den Armen und Notleidenden einen Dienst erweist.

Diakone sind kein Priesterersatz

Es ist nicht zu leugnen, dass Diakone aufgrund des akuten Mangels an Priestern – nicht nur bei uns im deutschsprachigen Raum, sondern auch in einigen anderen Ortskirchen der Weltkirche – in zunehmendem Maß zu Ersatzpriestern werden und von den Gemeinden auch häufig als solche wahrgenommen werden. Eine solche Entwicklung scheint in der aktuellen pastoralen Notsituation fast unvermeidbar. Die immer weniger und älter werdenden Priester möchten mit Recht entlastet werden. Die Gemeinden verlangen nach einer sakramentalen „Grundversorgung", die von den Diakonen wenigstens teilweise sichergestellt werden kann. Es ist verständlich, wenn eine solche Praxis – zumindest vorübergehend – pastoral gerechtfertigt wird. Dem theologischen Profil des Diakonats wird damit auf Dauer sicher kein guter Dienst erwiesen. Das Zweite Vatikanische Konzil hatte sehr klar zum Ausdruck gebracht, dass die Diakone die Handauflegung „nicht zum Priestertum, sondern zur Dienstleistung empfangen"[174] und dass sich ihr Weiheamt deutlich vom Amt des Priesters unterscheidet.

Es kann freilich auch nicht geleugnet werden, dass der Diakonat schon auf dem Konzil selbst noch primär als „Bewältigungsstrategie für den Priestermangel" (Bernd Lunglmayr) gesehen wurde, eine Sicht, die diesem Amt bei vielen Priestern und Gemeindemitgliedern bis heute anhaftet und die Diakone zu Lückenbüßern und Minipfarrern macht, was die meisten der Ständigen Diakone sicher nicht sein wollen[175] (einige vielleicht doch). Die Erwartung, Diakone könnten zumindest ihren Beitrag zur Lösung des Pries-

174 Zweites Vatikanisches Konzil, Lumen gentium, 29
175 Vgl. Lunglmayr, Der Diakonat, 20

termangels leisten, erweist sich als trügerisch. Peter Hünermann stellt dazu lakonisch fest: „Fehlende Presbyter können nur durch Presbyter ersetzt werden."[176] Es ist bemerkenswert und für den Weg der Ständigen Diakone in Österreich von großer Bedeutung, dass die Rahmenordnung der Bischofskonferenz von 2010 ein klares Bekenntnis zur unersetzbaren und vom Priester verschiedenen Berufung des Diakons in der Kirche abgelegt hat, die er vor allem in seiner besonderen Hinwendung zur Welt und zu den Menschen als Anwalt der Armen verwirklicht.[177]

Damit dieses unverwechselbare Profil des Diakonats sich nicht aufweicht, sondern sich im Blick auf neue gesellschaftliche und kirchliche Herausforderungen weiter akzentuiert und sich für neue Aufgabenfelder im Dienst an den Menschen öffnet, bedarf es immer wieder einer Unterscheidung der Geister und einer theologisch und pastoral verantwortbaren Grundorientierung. Ein besonderes Augenmerk wird sicher auch auf die Auswahl der Kandidaten, auf ihre Motivation für dieses Amt und auf eine gezielte Ausbildung und Weiterbildung zu legen sein. Wer in diesem Bereich tätig war oder ist, weiß diesbezüglich um die Notwendigkeit einer „klaren Linie" gegen die Versuchung eines gewissen Klerikalismus. Diakone dürfen, um hier noch einmal Papst Franziskus zu zitieren, „nicht halbe Priester und halbe Laien" sein. Was die Menschen sich wünschen und was die Kirche braucht, sind „ganze Diakone" mit einer klaren Motivation zu ihrem spezifischen Auftrag. Einer von denen, die über viele Jahre für die Begleitung der Diakone tätig waren, bemerkt dazu im Blick auf den Bedeutungsverlust und das Verschwinden des Diakonats:

> „Die Kirche des lateinischen Ritus hat schon einmal den Ständigen Diakonat verloren, weil seine Träger sich zu sehr ausgesprochen priesterlichen Aufgaben zuwandten (...) Wenn der Ständige Diakon nicht sein eigenes Proprium findet und damit den Ort in der Kirche, der sich vom Ort des Priesters unterscheidet, ist er langfristig in Gefahr, wieder zu verschwinden. Das wäre ein Unglück für die Kirche, zu deren Grundaufgaben neben der Liturgie und Verkündigung die Diakonie gehört."[178]

176 Hünermann, Kommentar zur Konstitution über die Kirche, 459

177 Rahmenordnung 2010, Kap. 1

178 H. Haunecken, Der Diakon kann den Priester nicht ersetzen ... In: Christ in der Gegenwart, Nr. 46/2001, 392

Männer und Frauen für ein Amt mit einer doppelten Sakramentalität

Aufgrund der Verengung der Diskussion um eine mögliche Veränderung der Zulassungsbedingungen zu den kirchlichen Ämtern auf die Zölibatsfrage, wie sie in der katholischen Kirche in den letzten Jahrzehnten geführt oder auch verhindert wurde, scheint der Mut zum Experiment, den das Zweite Vatikanische Konzil mit der Zulassung von verheirateten Männern zur Diakonatsweihe bewiesen hat, in Vergessenheit geraten zu sein. Mit diesem Schritt wurde damals, was über Jahrhunderte – mit wenigen Ausnahmen – nicht mehr gestattet war, die Möglichkeit eröffnet, die durch ein Sakrament geheiligte Lebensform der Ehe mit dem Sakrament der Diakonatsweihe zu verbinden.

Es ist bemerkenswert und sollte allen in unserer Kirche zu denken geben, dass die Rahmenordnung der Österreichischen Bischofskonferenz zum Diakonat diesbezüglich von einer gegenseitigen Bereicherung von Ehe und Weihe spricht:

> „Die Mehrheit der Diakone ist verheiratet und darum der Ehe und Familie verpflichtet. Die Sakramentalität der Ehe und der Weihe bereichern einander und tragen zur gegenseitigen Vertiefung bei. Die in Ehe und Familie gewonnene Lebens- und Glaubenserfahrung stellt einen hohen Wert für das Wirken des Diakons in der Kirche dar. Mehrheitlich sind die Diakone in ihrem Zivilberuf tätig. Die aus diesen Lebensbereichen gewonnene, oft langjährige Erfahrung qualifiziert Diakone zusätzlich und prägt auch ihre Amtsausübung.“[179]

Im Rückblick auf seine eigene bereichernde Erfahrung als Ehemann, Familienvater und Amtsträger, der als Diakon in vielen Bereichen tätig war, bekennt sich Franz Ferstl dankbar zu diesem Weg seiner Berufung, auf dem er auf besondere Art und Weise die Gnade einer „doppelten Sakramentalität“ erfahren durfte. Aufschlussreich sind in diesem Zusammenhang zweifellos auch die Ergebnisse der Befragung, die seine Frau Maria Ferstl unter Ehefrauen von Diakonen in der Erzdiözese Wien durchgeführt hat. Nicht weniger nachdenklich stimmt auch eine ebenfalls in diesem Buch dokumentierte Forschungsarbeit von Nelleke Winjaards Serrarens, in der Frauen von Dia-

179 Rahmenordnung 2010, Kap. 1

konen aus neun verschiedenen Ländern befragt wurden. Es überrascht, dass eine Mehrheit dieser Frauen das Miteinander der Lebensbereiche Diakonat und Ehe und Familie positiv bewertet. Aber auch die Herausforderungen, die sich nicht nur für die Diakone selbst, sondern vor allem auch für deren Ehefrauen und Familien ergeben, werden realistisch benannt.[180]

Wie aber erleben die anderen Amtsträger der Kirche, die zölibatär leben, diese Lebensform ihrer Mitbrüder? Dazu würde es wohl eine weitere Befragung unter Bischöfen und Priestern brauchen. Die Rahmenordnung der Bischofskonferenz betrachtet die Wiedereinführung des Diakonats unter dem Aspekt der Wiederherstellung der Dreigliedrigkeit des Ordo und erblickt darin auch eine Chance für ein gutes Miteinander unter den verschiedenen Amtsträgern, denen ja eine gemeinsame Weihegnade geschenkt wurde:

> „Der Ständige Diakon hatte in der Frühzeit der Kirche eine große Bedeutung. Ab dem 5. Jhd. war der Diakonat jedoch als eigenständige hierarchische Stufe der abendländischen Kirche nahezu abhandengekommen. Seine Wiedereinführung stellt die von alters her gültige Dreigliedrigkeit des Ordo wieder her. Durch die Verschiedenheit der Weihestufen soll der Dienst der Leitung für das Gottesvolk umfassender ausgeübt werden. Die gemeinsame Weihegnade fördert eine Spiritualität des Mit- und Füreinander der Amtsträger, wodurch bei aller Verschiedenheit die größere Einheit des einen Ordo deutlich wird.“[181]

Weiheamt und Ehe scheinen aufgrund der Erfahrungen, die verheiratete Diakone nunmehr über fünf Jahrzehnte in vielen Ortskirchen der Weltkirche gemacht haben, also durchaus vereinbar. Natürlich darf auch für die Diakone, für ihr Leben in Ehe, Familie und Zivilberuf und für ihr Wirken in der Kirche nicht verschwiegen werden, dass diese Form des kirchlichen Amtes zweifellos auch durch neue Spannungsfelder geprägt ist, die von den Diakonen selbst, vor allem aber auch von deren Ehefrauen, von den anderen Amtsträgern ein hohes Maß an menschlicher Reife, an Konfliktfähigkeit, an Geduld und vor allem eine tragfähige Spiritualität erfordern.

---

180 Vgl. dazu auch Paul Michael Zulehner, Elke Patzelt, Samariter – Prophet – Levit. Diakone im deutschsprachigen Raum, Ostfildern 2003, 97–104 und die bemerkenswerten Überlegungen von Zulehner in: Dienende Männer – Anstifter zur Solidarität. Diakone in Westeuropa, Ostfildern 2003

181 Rahmenordnung 2010, Kap. 1

Aber darf und muss man nach all dem, was Diakone als verheiratete Männer, als Ehepartner, Väter und Großväter, als Berufstätige oder kirchlich Angestellte, als Amtsträger in verschiedenen kirchlich seelsorglichen und gesellschaftlich sozialen Bereichen leisten, wovon sie Zeugnis geben und was sie an authentischer Diakonie verkörpern, nicht die Frage stellen: Warum öffnet sich die Kirche in der gegenwärtigen pastoralen Notsituation nicht den Erfahrungen, die verheiratete Männer für alle sichtbar und überprüfbar in der Kirche seit Jahren machen? Viele Priester leiden in den immer größer werdenden Seelsorgeräumen darunter, dass die Räume für Seelsorge immer weniger werden. Die Gemeinden verlangen lauter als früher nach der Feier der Eucharistie. Weil Not bekanntlich beten lehrt, wird (mit Recht) um geistliche Berufe gebetet. Warum lehrt uns die pastorale Not nicht nur das Beten, sondern auch ein pastoral verantwortliches Handeln? Warum fehlt denen, die mit der Hirtensorge für das Volk Gottes betraut sind, der Mut zu einer Entscheidung, in der Verheirateten und Unverheirateten, Männern und Frauen der Weg zur Übernahme von alten und neuen kirchlichen Ämtern ermöglicht wird? Das Argument, dass eine Kirche, die sich durch die anhaltende Glaubenskrise schon in naher Zukunft „gesundschrumpfen" und deshalb auch weniger Amtsträger brauchen wird, ist geradezu zynisch und widerspricht diametral dem Kirchen- und Pastoralverständnis des Zweiten Vatikanischen Konzils und vor allem dem, was sich Menschen heute von der Kirche und ihren Amtsträgern erwarten.

Als Ordensmann bin ich davon überzeugt, dass ein Leben in Ehelosigkeit um des Himmelreiches willen für Frauen und Männer, die sich dazu berufen fühlen, nicht nur möglich, sondern auch menschlich erfüllend und höchst sinnvoll ist. Es sollte und wird – so ist zu hoffen – auch in Zukunft Priester geben, die sich zu einem Leben im Zölibat entschließen. Warum aber sollen Menschen, die sich für ein Amt in der Kirche zur Verfügung stellen, nicht selbst frei darüber entscheiden können, welche Lebensform sie für sich wählen? Ich bin davon überzeugt, dass der Geist Gottes für die Kirche in Zukunft noch manche Überraschung bereit hält, auch was die bisherigen Weihe- und Dienstämter angeht. Es scheint mir aber unbedingt notwendig und hilfreich, dass positive und ermutigende Erfahrungen wie die der Ständigen Diakone für anstehende Entscheidungen in der Ämterfrage zu Rate gezogen werden.

Die Wiedereinführung des Ständigen Diakonats allein und seine positive Entwicklung in den letzten Jahrzehnten konnte und kann die Krise, durch die unsere Kirche zur Zeit zu gehen hat, naturgemäß nicht schlagartig beenden, weil es dafür sehr viele und tiefere Gründe gibt als nur den Mangel an Amtsträgern. Angesichts der großen pastoralen Herausforderungen, vor die sich die Kirche in Österreich, im deutschsprachigen Raum und in allen Ortskirchen des europäischen Kontinents gestellt sieht, kann dieses alte und wieder erneuerte Amt der Kirche aber als ein Zeichen der Zeit angesehen werden, das nach einer sorgfältigen Deutung verlangt.

Geweihte und (noch) nicht geweihte Diakone und Diakoninnen?

Kehren wir zum Schluss dieser Überlegungen noch einmal zur Frage zurück, auf die Diakon Franz Ferstl in seinem Buch, wie mir scheint, eine sehr überzeugende Antwort gibt. Wer trägt in dieser Kirche von Amts wegen die Verantwortung dafür, dass diese Kirche eine diakonische, d. h. eine Kirche wird und bleibt, die sich zum Dienst an allen Menschen zur Verfügung stellt? Natürlich hat jeder Bischof und jeder Priester vor seiner Bischofs- und Priesterweihe auch die Weihe zum Diakon empfangen und bleibt damit ein Leben lang auch Diakon. Ebenso ist jede Christin und jeder Christ auch für die anderen da und insofern für alle Menschen „in Dienst gestellt." Daran ist nicht zu rütteln.

„Die Kirche hat immer Dienst." Das ist ihr Auftrag, den sie von ihrem Herrn und Meister empfangen hat, „der nicht gekommen ist, um sich dienen zu lassen, sondern um zu dienen." (Mk 10,45) Wenn unsere Kirche nach dem Vorbild Jesu eine allzeit dienstbereite Gemeinschaft von Menschen sein und bleiben will, dann braucht es „Dienstboten" und „Dienstposten" – freilich in einem ganz anderen Sinn, den dieses Wort gewöhnlich hat. Der Diakonat ist ein „Horchposten", der hineinhört in die körperlichen und seelischen Grenzsituationen und der auch den leisen Tönen der Not oder der stillschweigenden und verschwiegenen Not Gehör schenkt. Der Diakon nimmt, wie es die Rahmenordnung formuliert, als „Anwalt der Armen eine unersetzbare Aufgabe in der Kirche wahr".[182] Die weltweit wachsende Zahl der Elenden, die unübersehbare Zunahme von Armut und sozialer Marginalisierung in den reichen Ländern, die vielen Unrechtssituationen, in denen sich in der Welt von heute immer mehr Menschen befinden, erfordern den Einsatz von Anwälten der Menschenwürde und der Menschenrechte. Hier

182 Ebd.

eröffnen sich bei uns und weltweit zahlreiche Berufsfelder, in denen Kirche auch durch neue Ämter und Dienste heilsam präsent werden soll.

Aber üben nicht zahlreiche Frauen und Männer de facto längst solche diakonale Tätigkeiten aus – vielfach auch im Auftrag der Kirche –, ohne dass sie dafür eine sakramentale Weihe empfangen haben? Es muss hier noch einmal daran erinnert werden, dass schon während des Zweiten Vatikanischen Konzils vor allem von Bischöfen aus Lateinamerika eingefordert wurde, dass Männer und Frauen, die als Katechisten und Katechistinnen, als Leiter und Leiterinnen der Gemeinden de facto neben ihren liturgischen Diensten immer auch schon diakonische Aufgaben erfüllten, durch die Weihe dafür sakramental gestärkt werden sollten. Wenn die Diakonie eine Grunddimension der Kirche ist und theologisch gleichrangig neben Liturgie und Verkündigung zum Wesen der Kirche gehört, dann muss sie auch durch ein eigenes Weiheamt vertreten werden. Für die Katechisten eröffnete das Konzil diese Möglichkeit, dass sie „durch die von den Aposteln her überlieferte Handauflegung gestärkt … werden, damit sie ihren Dienst mit Hilfe der sakramentalen Diakonatsgnade wirksamer erfüllen können."[183] Im Wortlaut des Missionsdekrets ist zwar nur von Männern die Rede. In der Wirklichkeit vor Ort waren – und das weiß ich aus eigener Erfahrung in Brasilien – zumindest zwei Drittel dieser wichtigen Träger der Evangelisierung Frauen. Auch deshalb wird diese Frage oder besser gesagt die Forderung nach der Zulassung von verheirateten Männern und Frauen zu den Weiheämtern der Kirche in der Amazonassynode im Oktober 2019 in Rom in aller Deutlichkeit gestellt werden.

Die meisten Diakone in den österreichischen Diözesen sind davon überzeugt, dass für die Öffnung des Ständigen Diakonats für Frauen eine nicht mehr aufschiebbare Notwendigkeit besteht. In meiner Aufgabe als Bischöflicher Beauftragter für den Ständigen Diakonat erlebe ich die diakonische Präsenz der Frauen der Diakone an der Seite ihrer Ehemänner, aber auch unabhängig von ihnen, in zahlreichen seelsorglichen und sozialen Arbeitsfeldern. In meiner Mitarbeit im Hospiz, in der Alten- und Krankenseelsorge und in der Pfarrseelsorge, aber auch in der theologischen Lehre und Forschung und zunehmend in der geistlichen Begleitung und in der Suche nach einer erneuerten Spiritualität, in den Frauenorden und wohin ich auch

183 Zweites Vatikanisches Konzil, Ad gentes, 16

blicke, überall sehe ich Frauen, die trotz allem noch in der Kirche oder bereits an ihren Rändern oder schon außerhalb von ihr und in Distanz zu ihr mit Leib und Seele „Diakoninnen ohne Weihe“ sind. Sie alle sind gemeinsam mit uns Männern – im wahrsten Sinn, den dieses Bild seit biblischen Zeiten hat – Hirtinnen, auf deren Hirtendienst wir um der Menschen willen nicht verzichten dürfen. Es erfüllt mich aber auch mit einer tiefen Trauer, dass immer mehr Frauen dieser meiner und unserer Kirche, die ein Leben lang meine Heimat war und bleibt, der ich auch in meinen alten Tagen die Treue halte, enttäuscht und verletzt den Rücken kehren. Ich scheue mich deshalb nicht, diesbezüglich von einer tiefen Wunde am Leib der Kirche zu sprechen, die nur Schritt für Schritt heilen kann, wenn wir uns als Kirche gemeinsam auf einen Weg der Umkehr begeben, zu dem uns im Letzten nur der Geist Gottes das Licht, die Kraft und den Mut schenken kann.

Innsbruck, zum Pfingstfest 2019 Univ. Prof. em. P. Dr. Franz Weber MCCJ

ANHANG 1

Interview mit Zeitzeuge Pius Zeßner-Spitzenberg

1. Lieber Mitbruder Pius, du bist unser ältester Diakon in der Erzdiözese Wien. Im Jahr 1972 wurdest du zum Ständigen Diakon geweiht. Würdest du im Rückblick heute wieder dem Bischof dein „Ich bin bereit" sagen?
   JA, und noch einmal: Ja.

2. Du wurdest in der dritten Ausbildungsgruppe mit weiteren fünf Kandidaten auf die Weihe vorbereitet. Welche Erinnerungen verbindest du damit?
   Wir sechs Kandidaten wurden von einem Priester, dessen Namen ich nicht mehr weiß, in wöchentlichen Gesprächen über Theologie und Liturgie vorbereitet. Diese waren fruchtbar und verliefen stets sehr harmonisch.

3. Wer hat dich auf die Möglichkeit, zum Ständigen Diakon geweiht zu werden, aufmerksam gemacht?
   Bischofsvikar P. Josef Zeininger OSFS.

4. Welches Erlebnis/welche Person hat in dir die Berufung zum Ständigen Diakon geweckt?
   Ebenfalls P. Zeininger, der zehn Jahre lang im Pfarrhaus der Pfarre Kaasgraben gewohnt hat. Da ich in dieser als Ministrant, Lektor, Kantor und Orgelspieler tätig war, habe ich ihn gut kennen und schätzen gelernt. Er war es auch, der in mir die Berufung zum Ständigen Diakonat geweckt und bewirkt hat.

5. Was hat dich an diesem neuen Berufungsweg am meisten fasziniert?
   Die unwahrscheinlich große Möglichkeit, sehr oft das Wort Gottes verkünden zu dürfen und zu können.

6. Du bist der Jüngste einer achtköpfigen Familie. Welche Rolle hat deine Mutter gespielt? Welche Bedeutung hat der Glaubensweg deines Vaters für deine Berufung zum Diakon?
   Meine Mutter ist im Jahr 1956, demnach 14 Jahre vor Einführung des Ständigen Diakonats, gestorben. Im Hinblick darauf, dass sie eine tiefgläubige Frau war, hätte sie sich sicher über meinen Schritt sehr gefreut. Ohne den mehr als vorbildlichen Glaubensweg meiner Eltern wäre ich, so glaube ich, nicht auf den Gedanken gekommen, Diakon zu werden.

7. Welche Erinnerungen aus der Kriegszeit haben deinen diakonalen Dienst geprägt?
   Erinnerungen aus der Kriegszeit, in welcher ich als Soldat der Deutschen Wehrmacht zum Teil an vorderster Front war, haben mir x-mal vor Augen gestellt, wie notwendig es ist, jedem – ob Freund oder Feind – Hilfe zu leisten.

8. Als dein Vater als bekennender Christ verhaftet wurde – welches Erlebnis war für dich prägend? Woher nahm dein Vater die Kraft, um seine Glaubenstreue bis in den Tod durchzustehen?
Ich erinnere mich an die letzten Minuten des Beisammenseins der Familie, in welchen die Leute der GESTAPO schon in unserem Speisezimmer waren. Mit unglaublicher Ruhe trank mein Vater den auf dem Tisch stehenden Kamillentee aus, stand auf und drückte jedem von uns Kindern mit den Worten „Gott segne dich" ein Kreuz auf die Stirn. Dann wandte er sich mit freundlichen Worten seinen Häschern zu und sagte: „Wie Gott will, so soll es geschehen."

9. Welchen Stellenwert hat die Glaubenstreue in deinem Leben als ältester aktiver Diakon?
Den wichtigsten Stellenwert meines Lebens sehe ich in den drei Tugenden: GLAUBE, HOFFNUNG und LIEBE.

10. Als Diakon bist du Verkünder des Wortes Gottes – was ist die Grundlage für dein Gottvertrauen?
Die Grundlage ist ohne jeden Zweifel das wunderbare Vorbild meiner Eltern.

11. Du hast viele Jahre einen Bibelkreis geleitet. Wie kann das Wort Gottes heute lebendig werden?
Die Tatsache, dass an den in unserer kleinen Pfarre (ehemals Kaasgraben) 20 Jahre lang monatlich stattgefundenen Bibelrunden durchschnittlich jeweils 21 Personen teilgenommen haben, weist darauf hin, dass viele Gläubige Interesse an der Heiligen Schrift haben und es dementsprechend gut und sinnvoll ist, solche in das Pfarrprogramm aufzunehmen. Es gibt aber noch eine andere Möglichkeit, die recht gut ankommt. Vor drei Jahren habe ich damit angefangen, vier Personen, die nicht gut hören, für jeden Sonntag eine Kurzmeditation über die jeweils anfallende Stelle aus dem Evangelium zukommen zu lassen. Dabei achte ich darauf, dass auf jedem Blatt, das ich verwende, vier Kurzmeditationen aufscheinen. Ohne mein Zutun ist die Zahl derer, die daran Interesse haben, auf 29 Personen angewachsen.

12. Wie ging es dir als ehrenamtlicher Diakon in deinem beruflichen Alltag?
Obwohl ich schon immer mit Geldgeschäften, Banken u. dgl. mehr möglichst wenig zu tun haben wollte, habe ich es als Finanzbeamter zum Amtsdirektor und zuletzt zum Regierungsrat gebracht!

13. In welcher Form hat deine Frau deinen Dienst als Diakon mitgetragen?
Meine liebe Frau Amelie, geb. Ferstel (Urenkelin des Erbauers der Votivkirche), ist am 12. Dezember 2005 gestorben. Sie war in jeder Beziehung ein „Goldschatz", auch insofern, als sie meinen vielen Tätigkeiten in der Pfarre nichts entgegenstellte und stets bereit war, da und dort Hilfe zu leisten. Mit ihr habe ich 53 wunderbare Ehejahre erlebt.

14. Welche Herausforderungen für die Zukunft siehst du für unseren Weihestand?
Im Hinblick auf die traurige Tatsache, dass es immer weniger Priester gibt, ist es mehr als notwendig, auf eine genügende Anzahl von Diakonen zu achten. Meines Erachtens wäre es vorteilhaft, wenn auch Frauen zum Weiheamt des Diakons zugelassen werden könnten.

15. Wie können wir leben, damit wir uns wie du mit 94 Jahren noch so aktiv in die Kirche einbringen können?
Dass ich noch in meinem Alter in der Kirche tätig sein kann (ich halte jeden Monat am Wochenende in drei heiligen Messen die Predigt), verdanke ich nicht nur meinen Genen (meine Schwester ist 98 Jahre alt und hält noch immer als Zeitzeugin Vorträge), sondern auch meinen regelmäßigen sportlichen Tätigkeiten. Bis 2016 habe ich jeden Sonntag Tennis und bis heuer im Frühjahr, wenn auch nur als Tormann, jeden Dienstag Fußball gespielt.

Weitere Angaben:

GEBOREN: 31. Dezember 1925
VERHEIRATET: 17. Mai 1953, seit 12. Dezember 2005 verwitwet
GEWEIHT: 19. März 1972
DREI KINDER: ein Sohn, zwei Töchter (Zwillinge) adoptiert, 12 Enkel und 10 Urenkel (das 11. Urenkelkind kommt demnächst)
TÄTIG IN DEN PFARREN: Kaasgraben (84 Jahre lang, von 1930 bis 2014), St. Leopold, Klosterneuburg (seit 2014)
ANZAHL DER TAUFEN: etwas mehr als 1200, HOCHZEITEN: ebenfalls etwas mehr als 1300, BEGRÄBNISSE: 386, WORTGOTTESFEIERN: 74, SEGNUNGEN: 27
HOBBYS: Akkordeon-Spiel (sehr oft bei diversen Veranstaltungen)
TÄGLICHE SPORTLICHE SCHWERPUNKTE: fünf Minuten Gymnastik am Morgen
LIEBLINGSSTELLE IN DER HEILIGEN SCHRIFT: Röm 12,9–18

Das Gebet meines Vaters:

Herr, was du sendest, das ist gut.
Wir armen Menschenkinder verstehen freilich dies und jenes nicht.
Doch: Was du sendest, das ist gut.
Nur gib uns deine Kraft, um zu ertragen,
was deine Hand uns auf die Schulter legt – und still zu schweigen.
Wer deinem Kreuzweg folgt, der folgt dir auch im Aufersteh'n.

ANHANG 2

Chronik

Lehramtliche Dokumente zum Ständigen Diakonat

21. November 1964:	Dogmatische Konstitution über die Kirche „Lumen gentium", Kapitel III, Artikel 29
7. Dezember 1965:	Dekret über die Missionstätigkeit der Kirche „Ad gentes", Artikel 3, Nr. 16
18. Juni 1967:	Paul VI., Apostolisches Schreiben Motu Proprio „Sacrum Diaconatus ordinem"
7. November 1969:	Schreiben der Sakramentenkongregation: Normen für Zulassung
15. August 1972:	Paul VI., Motu Proprio „Ministeria quaedam" und Motu Proprio „Ad pascendum"
22. Februar 1998:	Kongregation für das Katholische Bildungswesen, Kongregation für den Klerus, Grundnormen für die Ausbildung der Ständigen Diakone / Direktorium für den Dienst und das Leben der Ständigen Diakone
26. Oktober 2009:	Benedikt XVI., Motu Proprio „Omnium in mentem"

Dokumente der Österreichischen Bischofskonferenz

23. November 1966:	Beschluss zur Wiedereinführung des Diakonats in Österreich
5. März 1969:	Einrichtung der Diakonenkommission in Österreich, Leitung Prälat Franz Steiner
18. März 1970:	Beschluss der für Österreich gültigen Normen für Auswahl und Ausbildung
25. Juni 1970:	Österreichische Bischofskonferenz: Übermittlung der österreichischen Normen bezüglich der Zulassung und der Vorbereitung an die Sakramentenkongregation
27. August 1970:	Freigabe des Plans zur Ausbildung in Österreich durch Paul VI.
1972:	Gründung des Arbeitskreises Diakonat in der Österreichischen Bischofskonferenz
17. September 1988:	Veröffentlichung der ersten Österreichischen Rahmenordnung „Der Ständige Diakonat"
9.–12. März 2009:	Österreichische Bischofskonferenz: Beschluss der „Ratio nationalis" für den Ständigen Diakonat
20. Februar 2010:	Bestätigung der Österreichischen Rahmenordnung (Neufassung) in Rom

Weihen von Ständigen Diakonen in Österreich

22. Dezember 1969:	Weihe von Walter Bertel in der Diözese Feldkirch durch Bischof Bruno Wechner
1970:	Weihe von drei Ständigen Diakonen in der Diözese Innsbruck
4. Oktober 1970:	Weihe von vier Ständigen Diakonen in der Diözese St. Pölten
26. Dezember 1970:	Weihe von zehn Ständigen Diakonen in der Erzdiözese Wien
1972:	Weihe des ersten Ständigen Diakons in der Erzdiözese Salzburg
1972:	Weihe der ersten Ordensdiakone im Stift Kremsmünster
1973:	Erste Dienstzuteilung eines Militärdiakons
1974:	Weihe des ersten Ständigen Diakons für die Diözese Linz
1975:	Weihe der ersten Ständigen Diakone in der Diözese Graz-Seckau
1980:	Weihe des ersten Ständigen Diakons in der Diözese Eisenstadt
23. März 1980:	Weihe des ersten Ständigen Diakons in der Diözese Gurk-Klagenfurt

Statistik Ständige Diakone in Österreich, Stand Mai 2019

	Feld-kirch	Inns-bruck	Salz-burg	Klagen-furt	Linz	St. Pölten	Graz	Eisen-stadt	Wien	Militär-Diözese	GESAMT
Kirchl. Dienstgeber	4	17	3	6	16	14	25	2	49	0	136
Zivilberuf	4	16	29	27	69	44	38	4	61	2	294
In Pension	14	34	22	32	40	32	11	22	106	3	316
Summe tätiger Diakone	22	67	54	65	125	90	74	28	216	5	746
Verstorben	7	21	12	4	6	14	8	1	71	0	144
In Ausbildung	4	5	8	16	15	18	9	5	53	1	134
Verheiratet	21	54	50	60	105	73	59	26	179	3	630
Verwitwet	1	1	0	0	6	1	2	1	15	0	27
Zölibatär	0	3	4	3	8	12	2	0	17	0	49